Holger Kuße

JöRG

Holger Kuße
JöRG

Märchen und Geschichten

EDITION
Noack
Block

Umschlagabbildung: Bahnwärter Karl, Susanne Ebert

ISBN 978-3-86813-066-9

Herstellung durch Frank & Timme GmbH,
Wittelsbacherstraße 27a, 10707 Berlin.
Gedruckt auf säurefreiem, alterungsbeständigem Papier.

www.noack-block.de

Vorwort

Dies sind die Geschichten von JöRG, die ich vor langer Zeit aufgeschrieben habe, und Geschichten von anderen Leuten, denen ich begegnet bin, aber auch Märchen, die von Dingen erzählen, die märchenhaft sind. Die Märchen sind nicht älter als die anderen Geschichten, nur weil sie Märchen sind, denn Märchen sind ja auch nur Geschichten, wenn auch etwas andere. Und deswegen sind die Märchen und die Geschichten nicht immer gut auseinanderzuhalten. Nur die Geschichten von JöRG sind leicht zu erkennen, denn sie handeln immer von JöRG.

Inhalt

Eine Geschichte

An einem regnerischen Frühlingsmorgen saß ein Mädchen am offenen Fenster und schaute auf die Straße. Das Mädchen, das einen leichten Schnupfen hatte, beobachtete die Vögel im Baum hinter der Straße am Rande des Stadtparks, wie sie hin und her flogen durch den leichten Nieselregen. Da kam ein feiner Wind auf, der strich dem Mädchen sanft über die Nase, und die Nase begann zu kribbeln und zu kitzeln, und da musste das Mädchen niesen, so plötzlich und so stark, wie es noch nie geniest hatte. Und der Nieser ging durch ihren ganzen Körper, und sie machte fast einen Hopser, und der Nieser raste durch ihre Nase und flog durch ihre Nase, und hast Du nicht gesehen, flog die Nase hinter her, flog einfach im Nieser dem Mädchen davon und flog hinein in den Baum und landete mitten im Vogelnest. Da wunderten sich die beiden Vögel sehr. Hatten sie nicht drei Eier im Nest liegen? Jetzt waren es vier. Aber was macht das schon. Vögel denken nicht viel. Und die Vogelmama setzte sich auf ihre Eier, von denen sie dachte, es wären vier, und brütete und brütete.

Der Nase war es ganz recht, denn der Flug durch die Luft mit dem Nieser über die Straße bis zum Baum am Rande des Stadtparks war doch recht kalt gewesen. Und hier im Nest war es schön warm. Nicht lange, nur wenige Tage dauerte es, da waren die Eier ausgebrütet und die kleinen Vögelchen schlüpften aus den Schalen und saßen im Nest und sperrten die Schnäbelchen auf. Nur die Nase lag im Nest, so wie sie war. Die Vogelmama und der Vogelpapa warteten noch ein paar Tage, dann wollten sie die Nase, das taube Ei, aus dem Nest werfen. Inzwischen freilich hatten sich ihre Kinder so sehr an die Nase als schönes, warmes, weiches Kuschelkissen gewöhnt, dass sie sie nicht mehr hergaben. So blieb die Nase sicher im Nest und fand es sehr gemütlich. Sie hatte auch schon lange keinen Schnupfen mehr.

Aber, aber: Wie es bei Vögeln so ist. Die Jungen blieben nicht lange im Nest, sondern flogen bald auf und davon. Was konnte da aus der Nase werden? Die Nase hatte großes Glück. Das kleinste der drei Vögelchen wollte sich nicht von ihr trennen und nahm sie einfach mit, als es aus dem Nest flog, auf und fort. Das sah sehr wundersam aus in den Bäumen am Stadtpark, wie da ein kleines Vögelchen mit einer Kindernase in den Krallen von Ast zu Ast hüpfte, nach Käfern, Beeren oder auch Würmern in der Erde pickte und nie die Nase losließ, mehr auf der Nase hüpfte als auf den Beinen.

Der Nase war das so ganz recht nicht, fürchtete sie doch blaue Flecken von dem Gehopse zu bekommen, aber was sollte sie machen. Außerdem war es besser so, als allein im Gras herumzuliegen, wo früher oder später ein Rasenmäher der Stadtgärtnerei kommen würde. Nicht auszudenken!

Derweil ging ein Mädchen durch den Stadtpark, eben jenes, dem die Nase gehörte, ein Mädchen ohne Nase also, und suchte seine Nase oder wenigsten einen Ersatz. Und das Mädchen fand einen kleinen knorrigen Apfelbaum mit winzigen Äpfeln und dachte sich: Wenn ich schon meine Nase nicht wiederfinde, dann kann ich doch einen der kleinen Äpfel nehmen als eine Ersatznase. Es wird eine sehr runde, knubbelige Nase sein, leicht grünlich und man kann nicht mit ihr riechen, aber das ist immer noch besser als gar keine Nase. Das Mädchen streckte die Hand aus und griff nach einem winzigen grünen Äpfelchen.

Es traf sich aber, dass genau zu dieser Zeit das Vögelchen mit der wirklichen Nase über dem Apfel saß, nach dem das Mädchen griff, und mit seinem spitzen Schnabel einen Käfer verfolgte, der geschwinde auf der Flucht war. Und nicht nur das. Von der anderen Seite des Stadtparks kam ein dicker brauner Kater herbeigeschlichen, der in dem Augenblick unter dem Apfelbaum anlangte, als das Mädchen die Hand nach dem Äpfelchen ausstreckte, das ihre Nase werden sollte. Und der Kater hatte den Vogel gesehen und schlug mit dem Schwanz und blinzelte mit den Augen. Und er sah auch die Hand des Mädchens in Richtung des Vogels mit der Nase greifen, denn der saß ja über dem Äpfelchen. Und der Kater dachte: Noch ein Jäger. Und er fauchte böse. Und da war das Vögelchen: Vor ihm der Käfer, unter ihm ein Schatten – die Hand des Mädchens – und noch tiefer der fauchende Kater.

Da erschrak das Vögelchen und stieß einen Vogelschrei aus und flatterte auf und ließ vor Schreck die Nase fallen. Der Kater tat einen Satz hinter her, fauchend, alle Haare in die Höhe, aber er konnte den Vogel nicht mehr erreichen und plumpste auf die Erde ins Gras und zischte wütend und fauchend davon. Die Nase aber fiel auf das Äpfelchen gerade in dem Moment, als das Mädchen es pflückte. Und das Mädchen war sehr erstaunt, als es sich den Apfel besah. O, da ist ja meine Nase, dachte es – oder sprach es vor Überraschung laut in die Luft (das weiß ich nicht mehr so genau). Und es nahm die Nase und setzte sie zurück an ihren Platz, dahin, wohin eine Nase gehört. Und die Nase atmete tief auf.

Das ist die Geschichte.

Das Kind

Es war einmal ein Kind, das gerne König sein wollte. Deshalb bastelte es sich eine goldene Krone aus Papier. Aber das Kind wusste, dass niemand mit einer Papierkrone, und sei sie noch so golden, ein König werden kann. Also machte sich das Kind auf den Weg, um einen zu finden, der ihm eine echte goldene Krone gegen seine Krone aus Papier eintauschen würde.

Das Kind war noch nicht weit gegangen, da kam es an einen Teich, und es sah aus dem Teich einen Frosch direkt auf den Weg hüpfen. Und das Kind fragte den Frosch: „Willst du mir eine goldene Krone geben? Du bekommst dafür diese schöne Papierkrone." Es zeigte seine goldene Krone aus Papier. Der Frosch antwortete: „Ich könnte dir eine goldene Krone besorgen, denn ich bin der Froschkönig. Aber deine Papierkrone nutzt mir nichts. Sie würde im Wasser aufweichen und kaputt gehen. Und wenn ich dir meine goldene Krone gebe, dann bin ich kein Froschkönig mehr. Und das will ich nicht." Sprach's und hüpfte zurück in den Teich.

Das Kind setzte sich die Krone wieder auf den Kopf und ging weiter.

Nach einiger Zeit begegnete es einem Storch. Und es fragte den Storch: „Hast du eine goldene Krone und willst du diese Krone gegen meine Papierkrone tauschen?" Das Kind zeigte seine goldene Papierkrone her. Und der Storch sprach: „Ich könnte dir eine goldene Krone besorgen und könnte sie auch gegen deine Papierkrone tauschen, denn Kronen bedeuten mir nichts. Ich müsste nur zum Teich gehen und den Frosch fressen. Er ist nämlich der Froschkönig und hat eine goldene Krone. Aber der Froschkönig ist mein Freund und wenn ich ihn fresse, ist er tot, und das will ich nicht." So sprach der Storch und stolzierte durchs hohe Gras davon.

Das Kind setzte sich die Krone wieder auf und ging weiter.

Es dauerte gar nicht lange, da hatte das Kind den Wald erreicht, und in dem Wald kam ihm der Wolf entgegen. Da freute sich das Kind und fragte den Wolf, ob er nicht eine Krone aus Gold gegen eine goldene Papierkrone eintauschen wolle. Und der Wolf antwortete: „Ich könnte dir eine goldene Krone besorgen. Wenn nämlich der Storch den Frosch frisst, dann hätte der Storch die goldene Krone, denn der Frosch im Teich vor dem Wald ist der Froschkönig. Und wenn der Storch die Krone hätte, könnte ich den Storch fressen und dir die Krone geben. Aber der Storch frisst den Froschkönig nicht, denn er ist sein Freund. Und wenn ich den Storch fressen würde, wer brächte dann die Wolfskinder im Frühling? Ohne den Storch gibt es keine Wolfskinder und das will ich nicht" – sagte der Wolf und verschwand im Wald.

Das Kind machte sich also weiter auf den Weg und kam, bald hinter dem Wald, in ein Dorf und sprach dort einen Ochsen an, der auf einer großen Wiese sein Gras kaute und verdaute. „Ochse" – sagte das Kind: „Ich habe eine goldene Papierkrone. Möchtest du sie nicht gegen eine echte goldene Krone tauschen?" „Hm" – antwortete der Ochse und schaute auf: „Ich könnte dir eine goldene Krone besorgen. Wenn nämlich Schützenfest ist in unserem Dorf, könnte ich dahin gehen. Der beste Schütze gewinnt eine goldene Krone. Und wenn er diese Krone mir aufs Haupt setzt, dann könnte ich sie dir bringen, aber wenn der beste Schütze mir die Krone aufs Haupt setzt, dann werde ich nachher geschlachtet. Und das will ich nicht. Deshalb werde ich nicht aufs Schützenfest gehen und kann dir auch keine Krone bringen."

Das Kind zog weiter und fragte sich, ob es wohl jemals eine goldene Krone bekommen werde. Doch nach dem Teich mit dem Froschkönig und dem Storch und dem Wald mit dem Wolf drinnen und dem Bauerndorf, zu dem der Ochse gehörte, kam bald das Meer, und am Meer lag ein Fischerdorf, und am Strand des Fischerdorfes fand das Kind ein altes Boot, das niemand mehr brauchte. Und mit dem Boot stach das Kind in See, und nach drei

Tagen auf dem Meer landete das Kind mit seinem Boot und der goldenen Papierkrone auf seinem Haupt an einer Insel an, die niemand der Menschen vom Lande kannte und die auf keiner Seekarte eingezeichnet war. Und in der Mitte der Insel stand ein Schloss.

Da ging das Kind geradewegs auf das Schloss zu. Weil die Insel so einsam war, standen keine Wachen vor dem Schloss, und das Kind ging direkt in das Schloss hinein und sofort in den großen Saal zum König. Der saß allein auf einem goldenen Thron und hatte eine goldene Krone auf dem Kopf. Das Kind zeigte seine vergoldete Papierkrone und sprach: „König, möchtest du mir deine goldene Krone gegen meine Papierkrone tauschen?" „Was ist eine Papierkrone?" – fragte der König: „Gib sie mir, damit ich sie mir genau ansehen kann." Und das Kind gab dem König seine Papierkrone. Es war aber so, dass auf der einsamen Insel, auf die noch nie ein Mensch vom Lande seinen Fuß gesetzt hatte, und die keine Seekarte verzeichnete, Papier gänzlich unbekannt war. Noch nie hatte der König Papier gesehen und betrachtete es mit großen, verwunderten Augen. Das Kind faltete die Krone auseinander und öffnete ihre Innenseite, die nicht golden, sondern weiß war, und zog einen Bleistift aus der Hosentasche und zeigte dem König, wie man mit Bleistift das Wort *KÖNIG* auf das Papier schreiben kann. Und der König war begeistert. So einen Schatz wollte er gerne besitzen, und umso lieber tauschte er seine goldene Krone gegen die Papierkrone ein, als auch seine Berater, die er herbeigerufen hatte, ihm den großen Wert einer Krone aus Papier bestätigten.

So hatte das Kind nun eine echte goldene Krone, und es ging zurück zum Ufer.

Doch sein Boot war verschwunden. Was sollte das Kind nun tun? Auf der Insel bleiben wollte es nicht und fort von ihr konnte es nicht. Das Kind, zum Glück, hatte Glück. Als es so über das Wasser schaute, kam ein Delphin vorbeigeschwommen, und der Delphin lud das Kind ein, auf seinem Rücken zurück zum Land zu gelangen. Da freute sich das Kind. Das Wasser musste es nicht mehr fürchten, denn nun hatte es ja eine Krone aus Gold und nicht eine aus Papier bei sich.

Kaum dass das Kind wieder an Land war und sich bei dem Delphin für seine Hilfe bedankt hatte, las es auf einem großen bunten Plakat die folgende Bekanntmachung: Dass der König dieses Landes nicht mehr König sein, sondern in Pension gehen wolle, aber leider keinen Sohn und keine Tochter habe, die seine Nachfolge antreten könnten. Aus diesem Grunde sei ein neuer König oder eine neue Königin gesucht. Interessenten sollten sich sogleich zum Schloss begeben.

Das tat das Kind.

Vor dem Schloss auf dem Land jedoch stand eine Wache und wollte das Kind nicht einlassen. „Ich will König werden" – sagte das Kind. „Du armer Knirps" – lachte die Wache: „Wie willst du König sein! Geh deiner Wege!" „Aber eine Krone habe ich schon!" – antwortete das Kind und zog seine Krone aus dem Beutel, denn darin hatte es die Krone auf dem Weg verborgen, damit keine Räuber kämen und die Krone stehlen würden, und setzte sich die Krone aufs Haupt. Die Wache war sehr erstaunt, machte große Augen und sprach: „Ja, wenn das so ist!" – und ließ das Kind ein ins Schloss.

Als der König auf seinem Thron das Kind mit der goldenen Krone auf dem Haupt sah, war er beeindruckt und freute sich sehr, denn er wollte gerne seine Krone behalten als Andenken an seine Zeit als Herrscher eines großen Landes. Und nun kam ein Kind als sein Nachfolger, das schon eine Krone auf dem Haupt trug und seine Krone gar nicht brauchte. So bestimmte der König das Kind als neuen König, ließ seine wichtigsten Dinge in einen Umzugswagen verladen und zog sich in ein kleines Häuschen am Meer zurück und kümmerte sich fast nur noch um den Rasen in seinem Garten.

Das Kind aber setzte sich auf den Thron und regierte, die goldene Krone auf dem Haupt, das Land, das nun seines war.

Nachschrift

Der alte König ließ seine Krone dann doch im Schloss. Dort lag sie in einer kostbaren Schatzkiste neben dem Thron – für den Fall, dass, wenn das Kind einmal groß ist, aber noch nicht alt, ein anderes Kind kommt, mit einer goldenen Papierkrone, die es gerne gegen eine Krone aus Gold tauschen möchte.

Haustier, Aberglaube und Maskottchen

JöRG hat sich am Donnerstag einen Pottwal gekauft. Erste Schwierigkeiten mit seinem neuen Haustier stellten sich bereits bei dessen Transport ein. JöRG hielt den Wal im Hochzeitstragegriff auf beiden Armen, und hätte es sich nicht um ein sehr junges Tier gehandelt, welches erst drei Meter Länge aufwies, wäre das Gewicht für ihn wahrscheinlich nicht zu bewältigen gewesen.

Nun verhält es sich aber so, dass Meerestiere wie ein Pottwal Wasser benötigen, um an der frischen Luft nicht einzugehen. JöRG hatte gedacht, dieses Problem einfach dadurch zu lösen, den Wal an einem Regentag zu kaufen und auch der Forderung seines Lieblings nach Salzwasser trug er Rechnung, indem er die graublaue feste Haut mit Salz einrieb, bevor er die Zoohandlung verließ.

Da JöRG aber das Gewicht des Wals unter- oder auch seine eigene Kraft überschätzt hatte, musste er sich zerknirscht eingestehen, den langen Weg durch den Regen mit dieser Last nicht durchhalten zu können und folglich wählte er die Straßenbahn. Den Schritt in ein solches Fahrzeug tat er nur gezwungener Maßen, denn er hatte einen höllischen Respekt vor Straßenbahnen, weil er grundsätzlich zu spät zum Zielort kam, wenn er sie bestieg.

Diesmal ging glücklicherweise die Fahrt gut, doch das will nicht heißen, JöRG hätte keinen Ärger in der Straßenbahn bekommen. Da die Luft in der Fahrkabine zu trocken für seinen Wal war, bat er um die Erlaubnis, eine Tür öffnen zu dürfen, damit er sein Tier in den Regen hinaushalten könne. Dass man ihm diesen Wunsch verwehrte, stieß bei ihm auf Unverständnis. Er ärgerte sich, und das ist selten gut.

Als die Endstation endlich erreicht war, sah der Pottwal schon ganz grün um die Augen herum aus, und zu allem Überfluss hatte es zu regnen aufgehört. Noch standen 15 Minuten Fußweg bevor!

JöRG hatte kaum die Hälfte des Weges zurückgelegt, als er mit Schrecken bemerkte, dass sein Pottwal im Sterben lag. Stöhnend krümmte sich das Tier in seinen Armen sichelförmig zusammen. Das Maul nach oben gerichtet schnappte es vergeblich nach kühlendem Wasser, dann ging ein Zucken durch den Körper und der Pottwal sank, förmlich erstarrt in seiner gekrümmten Haltung, in sich zusammen, während das resignierte Maul jetzt am linken Oberarm JöRGs auflag. In letzter Verzweiflung und Todesangst verbiss sich der Wal in das Fleisch seines Trägers. JöRG spürte ein starkes Kneifen. Die Angst um das Leben seines teuren Schützlings trieb ihn, triefend vor Schweiß voran, nach Hause!!

Als er ankam, atmete der Pottwal nur noch ganz schwach und unregelmäßig. In letzter Anstrengung schleppte JöRG ihn in die Waschküche im Keller. Er hatte befürchtet, es würde sehr schwer werden, den Wal von seinem Oberarm loszubekommen, aber wahrscheinlich war das Tier schon zu schwach gewesen, um sich wirklich fest zu verbeißen, so dass es nun nur ein wenig in den Muskeln zirpte, als er den Wal abzog – ähnlich wie bei einem Pflaster.

Er legte den Pottwal auf den Kellerboden. Nichts war nun vordringlicher, als ihn sofort mit Wasser und Salz zu versorgen. Schnell rieselte JöRG etwas übriggebliebenes Streusalz vom Winter über den Walrücken, dann drehte er hastig den Wasserhahn über einem Bottich auf und ließ das kühle Nass in die hohle Hand fließen. Damit bespritzte er sein Tier. Eine halbe Stunde tat JöRG nichts anderes, als auf diese Weise Wasser zu sammeln und über den Pottwal zu gießen.

Nur langsam kam die Atmung des Tieres wieder in Gang, mühsam entstanden einige tiefe Atemzüge, doch bald darauf bewegte das Tier seine Schwanzflosse, hob leicht den Kopf und schließlich wälzte es sich vergnügt in der salzigen Flüssigkeit, die sein Herr und Retter über den Leib verteilte. Der Pottwal hatte überlebt! Ihn weiterhin mit Wasser versorgend überlegte JöRG fieberhaft, wo er seine gerettete Erwerbung am besten unterbringen könnte. Wenn er nicht den Rest seines Lebens Wasser schaufeln wollte, musste er ein gemütliches Bassin für den Pottwal finden. Hier in der Waschküche konnte er nicht bleiben, weil der Raum für einen Maschinenpark aus Wäschetrocknern gebraucht wurde, und im Weinkeller seines Vaters schwamm schon ein munterer Mörderwal aus dem Pazifik. Der hieß offiziell Orca oder Schwertwal, das wusste JöRG, aber was sind schon Namen. Im Weinkeller war jedenfalls kein Platz mehr. Die Badewanne wurde als unzumutbar empfunden, weil sie direkt neben der Toilette stand und außerdem schon ein Krokodil darin lag. Blieb noch die Möglichkeit übrig, den Platz in einer Wäschewanne aus Plastik auszunutzen, doch die eine Wanne diente seit JöRGs frühester Kindheit einem Blauwal mit ergrauten zotteligen Barten zum Heim und die andere wurde von der Mutter für die Wäsche dringend benötigt.

Die Frage nach einer geeigneten Heimstätte schien zu einem aussichtslosen Problem zu werden. JöRG geriet darüber beinahe in Verzweiflung, doch noch rechtzeitig fiel ihm ein, den Pottwal im Spülbecken in der Küche unterzubringen. JöRG hoffte, den Pottwal dazu bewegen zu können, ein wenig zu schrumpfen, damit er in das Cromarganbecken hineinpasse. Er brauchte dem Tier nicht lange zuzureden, denn aus Dankbarkeit über die Rettung war der Wal sofort bereit, sich auf Goldfischgröße zu verkürzen.

JöRG brachte ihn aus dem Keller hinauf in die Wohnung und schon bald schwamm das Meerestier vergnügt im hellen Waschbecken, wobei der tropfende Wasserhahn für eine leichte Wellenbewegung sorgte. Diese Hürde war genommen. Erleichtert sank JöRG auf einen Küchenstuhl.

Noch aber war die Frage zu klären, womit der Pottwal zu füttern sei. Doch dieses Problem löste sich, sobald die Eltern vom Einkaufen zurückkehrten. JöRGs Mutter lobte die Lebhaftigkeit des neuen Haustieres, sowie den vernünftigen Entschluss, keine zweite Wäschewanne zu verbrauchen, währenddessen JöRGs Vater vorschlug, den Pottwal mit Vogelfutter und Brot zu speisen, da das Tier in geschrumpfter Form ohnehin nicht viel größer als ein Spatz sei, und diese Ernährungsweise bei dem Blau- und dem Mörderwal bereits gute Erfolge erzielt hatte.

Nun waren alle Schwierigkeiten gelöst – Unmögliches möglich gemacht.

Aber JöRG bekam Fieber. Er wurde von einem schweren Fieber befallen, denn das alles war passiert zu der Zeit, da er sein liebstes Maskottchen, einen goldenen Silberring, verloren hatte.

Die Piraten

In der Vorweihnachtszeit, als ich hilflos in der offenen, stürmischen See trieb und der Hoffnung entsagen musste, bis zum Vierundzwanzigsten heimkehren zu können, landete ich, schiffbrüchig wie ich war, in der Mitte des Ozeans am Strand einer winzigen, aber üppigen, von Korallen umgebenen Insel. Die nunmehr ruhige See glänzte kristallgrün im Abendlicht. Ich konnte beruhigt einige Holzsplitter aus den großen Zehen ziehen, die mir, als mein Schiff im Sturm zerbarst und der Mast knickte, wie es bei Schiffsuntergängen immer noch zu gehen pflegt, tief unter die Haut geraten waren und mich seitdem, während meiner Tage müßigen Treibens in der, wie es heißt, aufgewühlten See, plagten. Nach getaner Arbeit am Strand und der sorgfältigen Stillung der Blutrinnsaale verzehrte ich die letzten verbliebenen, leicht feucht gewordenen Schiffsspekulatius und ließ, derart gestärkt, die Augen durch die unvertraute Umgegend wandern. Vor mir das offene abendliche Meer. Dort tat sich nichts. Hinter mir ein Palmensaum, durch den, ich konnte mir nicht erklären, woher und warum, ein goldener Grund schimmerte, vor dem der Bewuchs von seinem ihm eigenen Grün in ein ornamentales Ultramarin wechselte. Wie aufgemalt auf solcherart manierierter Kulisse erblickte ich zur Linken aufgeschichtete Goldbarren, zur Rechten aber einige kleine Gebäude, aus Holz errichtet, mit Wellblech gedeckt, über denen ein weißes Fähnchen mit einem roten Rettungsring und einem Totenkopf drüber flatterte. Und inmitten dieses gar nicht gewöhnlichen Bildes saß mir zu Füßen an einem zierlichen Mahagonischreibtisch eine Maus, die mit einem Kugelschreiber, den sie zwischen den Vorderzähnen hielt, in ein dickes Büchlein schrieb. Es musste sich bei mir wohl um einen Gulliver handeln, eine mir bislang verborgene Seite meines Wesens, die nun zutage trat.

Ich sprach die Maus freundlich an und sie erwiderte meinen Gruß, zunächst unwillig von ihrem Buch aufschauend, dann, über ihr ganzes Gebiss hin zutraulich grinsend. Was dies alles zu bedeuten habe und wo ich mich befinde, wollte ich nach der Begrüßung wissen. Die Maus jedoch kicherte und piepste: „Nui, nui!" Sie hatte wohl lange schon nicht gesprochen, so dass es einige Zeit brauchte, bis endlich ihr Gluckern und Schnarren, ihr Quietschen und Zwitschern und Zischen und Schmatzen zu verständlichen Worten und schließlich ganzen Sätzen sich formte. Leider entgingen mir auf diese Weise wichtige Informationen über die Lage der Insel und meine eigene Person. Als sie ihre heitere, klare Stimme endlich gefunden hatte, begann für mich die Maus folgendermaßen: „... aber ich kann berichten, wie alles so gekommen ist, wie es nun einmal ist. Ich bin eine schreibende Maus, die des Lesens und eben des Schreibens unter den Mäusen außerordentlich kundig ist. Unter den Mäusen, wie gesagt, die bis heute in der Mehrheit Analphabeten sind. Das ABC und das große Einmaleins lernte ich von meinem Großvater, der wiederum es von einem jungen Matrosen erworben hatte, der hier anlandete, aber leider nach einigen Jahren an dem mit angespülten Rumfass starb. Der Matrose, sein Grab ist noch zu sehen, war der Sohn eines berüchtigten Revolverhelden im tiefen Wilden Westen, war jedoch der Countrymusic überdrüssig geworden und wollte Pirat werden. Deshalb fuhr er zur See, erlitt alsbald Schiffbruch und kam so auf diese von Mäusen bewohnte Insel. Das erklärt, warum mein Großvater ein Schreibkundiger wurde.

Das Schicksal hatte den Matrosen hierher gespült, denn meine Dynastie, die diese Insel bevölkert, ist ein berüchtigtes Seeräubervolk. Zahlreiche Großväter, Urgroßväter und Ururgroßväter beherrschten von diesem stillen Strand aus die Weltmeere, ohne dass es jemand bemerkte.

Die Generationen mäusiger Seeräuber sind nicht zu zählen. Ich gebe sie mit hochgestellten Zahlen an, des Überblickes wegen.

Großvater[125], der erste und zugleich gefürchtetste der Piraten, der eine Augenklappe trug und ab einer bestimmten Zeit seines wilden Lebens ein Holzbein, der so scharfe Zähne hatte wie sonst nur Schwertfische und Krallen wie die Zähne eines Haifischs und dazu ein struppiges Fell, dass schon der bloße Anblick manchen Tapferen am Herzschlag danieder sinken ließ, gründete hier sein Seeräubernest. Seine wilden Gesellen fuhren des Nachts seitwärts vorbeifahrender Schiffe und bohrten Löcher in ihre Rümpfe. Aus diesen Löchern schaufelten sie Korn und Mehl soviel ihre langen Piratenboote tragen konnten, denn mit diesen Gütern, die sie im Innern der Insel in großen Silos lagerten, trieben sie bei Tag in der Verkleidung ehrlicher Kaufleute einen schwunghaften Handel mit den Mäusen der Nachbarinseln. Doch damit nicht genug: Nach getaner Diebesarbeit versenkten sie die Schiffe und sammelten hernach die angeschwemmten Reichtümer vom Strand, ebenfalls zur weiteren Umsetzung in bare Münze. Erbarmungslos erschlugen sie die angespülten Männer und Mäuse oder machten sie zu ihren Spießgesellen oder verkauften sie, als das noch möglich war, als Sklaven.

Einst hatten sie ein Schiff mit wilden Tieren erwischt. Ein Krokodil schoss wütend schnaubend direkt auf die Barke des Großvaters[125] zu, stieß sie um, und Großvater[125] schien, ins Wasser gefallen, dem Ende nahe zu sein. Das Krokodil riss den Rachen auf, doch Großvater[125] kitzelte seine Zunge. Es musste niesen und Großvater[125] wirbelte im Nieser in sichere Entfernung, wie er hoffte, davon. Er landete aber auf der Schnauze eines zweiten Krokodils. Da griff er wie Kasperl auf dem Theater zum Säbel und schlug dem Krokodil auf sein Maul – so verwegen war Großvater[125] – und nahm es dann bei den Nasenlöchern, riss mit Elefantenstärke das gewaltige Tier aus dem Wasser, selbst sich in der Luft haltend, und schleuderte es weit von sich, dem ersten Krokodil so auf den Rücken, dass beide miteinander für immer im Ozean versanken. So einer war der Großvater[125]. Durch ihn wurde die Insel reich und stark und gefürchtet – bei denen, die von ihr wussten.

Großvater[95] jedoch hatte Pech. Er geriet an ein Pfefferschiff. Die ganze Piraterie musste in einem fort niesen, dass ihnen fast die Nasen abrissen. Was Großvater[125] einst – der Nieser des Krokodils – rettete, das wurde nun der ganzen Bande fast zu Verhängnis. Die halbe Mannschaft ging niesend schon auf hoher See unter. Die es bis zur Insel schafften, niesten sich zu Tode, und unter den Erschütterungen des Niesens brachen gar die Befestigungsanlagen der Piratenburg zusammen. Es wäre wohl die ganze Insel versunken, wenn nicht ein kleines Mäusefräulein, das sich von dem unglücklichen Pfefferschiff hierher gerettet und in einem sicheren Gebüsch verborgen hatte, Mitleid mit ihren Feinden bekommen hätte. Sie kam zu Hilfe mit einem großen Taschentuch, das sie zerteilte und an den Großvater[95] und den kümmerlichen Rest seiner Leute verteilte. Mit letzter Kraft, aber wirklich mit letzter, schnaubten sie sich so richtig aus und konnten sich von dem tödlichen Nieskrampf befreien. „Wer sind Sie, schönes Fräulein?" fragte Großvater[95], und bald darauf wurde sie seine Braut. Nicht viel später sagte dieses Mäusefräulein folgendes: „Pfefferraub ist gefährlich und Korn- und Mehlraub bringt nicht mehr viel ein. Ich schlage deshalb vor, sich ganz auf den Goldraub zu verlegen." Als Großvater[95] der Hauptmann war und Mäusefräulein seine Braut, bohrten die Piraten fortan größere Löcher, sägten sie in die Schiffsrümpfe und schleppten die geladenen Goldbarren heraus. So wurde unser Inselreich immer reicher und reicher.

Doch wie es so kommt mit wachsendem Reichtum: Großvater[34] war schon schwach und leicht untersetzt, und als er in die Jahre kam und die Gier nach dem Gold zunahm, seine Kraft aber immer weiter abnahm, ging er eines Tages mit seinen Mäusen unter wie das Schiff, das sie zuvor versenkt hatten. Zu groß war die Menge Gold, zu gering der Auftrieb ihrer Barke, zu schwach die Kraft der Arme der Ruderer. Das wäre das Ende unserer Familiengeschichte gewesen, wenn nicht wieder Mäusemädchen – diesmal mehrere – uns gerettet hätten. Und wieder kamen sie von dem ausgeraubten und versenkten Schiff und retteten ihn, den Piratenkapitän und Seeräuberhauptmann, der sich an eine treibende Bierflasche klammerte. Sie retteten ihn, weil sie ihn ermuntern konnten, die Goldkiste, die er mit den Füßen umklammerte und die ihn in die Tiefe zu ziehen drohte, loszulassen. Sie selbst aber wollten eine Kette von ihrem sicheren Holzfloß bilden und die Bierfasche, an die er sich klammerte, heranziehen. „Das tut mir aber leid", sagte Großvater[34], „dass ich Sie in eine so unerfreuliche Situation gebracht habe." „Aber nein, wir wollten schon immer mal von einem Piraten versenkt und geraubt werden", sprachen sie und kicherten. Und nur wenig später machten sie den folgenden Vorschlag: „Die Piraterie ist vorbei. Gold ist auch nicht mehr das, was es einmal war. Die Zukunft liegt in zivilen Dienstleistungen. Wir sollten uns der Mausrettung widmen." Und so gründeten sie die Lebensretterpiraterie. Erst versenkten sie die Schiffe, dann retteten sie die Mäuse. In erster Linie Mäuse. Rief aber ein Menschenmädchen mit zarter Stimme „Hilfe, Hilfe, ich bin eine Königstochter", dann retteten sie auch sie. Und kämpfte sich ein schwerer Bär durch die Fluten des Meeres, die er nicht gewohnt war, da er nur flache Flüsse kannte, dann schleppten sie auch ihn ans Ufer der Insel. Sogar eine Fahne entwarfen sie für die Lebensretterpiraterie. Ich sitze darunter. Die Geretteten aber waren ihnen ein Leben lang dankbar, und das mehrte den Reichtum der Insel. Die Kraft jedoch, sie schwand von Generation zu Generation und schließlich kam es so weit, dass Großvater[10] sich überrumpeln ließ. Ein Krokodil rief um Hilfe. Wieder ein Krokodil! Und Großvater[10] schwamm zu ihm hin, um es zu retten, mit Fahne und Rettungsring. Und es kamen ihm erst Zweifel, als er das große Maul sah: Aber Krokodile können doch schwimmen! „Ja, ja", grinste das Krokodil, „ich möchte ja auch Hilfe ganz anderer Art". So redete es mit blutunterlaufenen Augen, und hast Du nicht gesehen, da, happs, verschluckte es Großvater[10] mit Haut und Haar. Zum Glück hatte er da schon viele Enkelkinder."

Für einen Moment verebbte der Redefluss der Maus. Das gab mir Gelegenheit zu fragen: „Wo sind wir nun?“ Schon floss der Erzählstrom ein klein wenig weiter, um zu seiner traurigen Mündung zu gelangen. „Ach, seit die Leute fliegen und die Schiffe aus Metall sind und überhaupt weiter entfernt an der Insel vorbeifahren, gibt es nichts mehr zu rauben und zu retten. So kamen wir immer weiter herunter bis zu meinem Großvater[1], der das Lesen und Schreiben lernte, und bis zu mir, der ich unsere ruhmreiche Geschichte aufschreibe. Doch“, und damit klappte die Maus ihr dickes Buch zu und steckte den Kugelschreiber hinter die Ohren ins dichte Fell, „nun habe auch ich meinen Endpunkt erreicht und weiß nicht mehr, was ich tun soll.“

Schweigend saßen wir da bis zur Morgendämmerung. Die Sterne warfen ein mattes Licht auf die Insel. Vom Meer wehte ein modrig öliger Wind. Nur am Horizont wurden ab und an vorbeifahrende Wände mit quadratischen Lichtlein sichtbar, denn Kreuzfahrtschiffe kamen üblicher Weise des Nachts vorbei. Als aber die ersten orangefarbenen Strahlen der aufgehenden Sonne das grauschwarze Fell der Maus beschienen, schimmerte es indischgelb, und wären der Größenunterschied und die andere Art nicht gewesen, eine Liebe hätte erwachsen können. Wir rieben uns die Augen, die nicht geschlafen hatten.

„So, nun will ich eigentlich gehen und von der Insel wieder fort“, sprach ich, doch kaum hatte ich das Wort „fort“ gesprochen, da gehorchte mir meine eigene Hand (die linke oder die rechte, was macht das schon) nicht mehr und kniff mich, ohne dass ich etwas dagegen unternehmen konnte, bösartig in die Wange. „Was du brauchst“, redete die Hand die Maus an, „ist eine helfende Hand. Ich bin eine helfende Hand, bin überall, wo es etwas zu helfen gibt!“ Ich war erstaunt über meine Hand. Die Maus war es nicht. „Eine helfende Hand“, erläuterte meine Hand weiter, „ist immer da, wo sie gebraucht wird. Oder sie sorgt dafür, dass sie gebraucht wird. Als erstes können wir Pflanzen ausreißen!“ Sie ergriff ein

Bündel armseliges Strandgras und riss es aus. „Ausreißen und neues pflanzen. Wir können auch die Insel versenken und sehen, ob wir sie wieder aus dem Meer hervorholen können. Oder das Meer wegsprengen und warten, ob der Regen es wieder mit Wasser füllt. Wo eine helfende Hand ist, da wird es niemals langweilig."

Meine Hand und die Maus freundeten sich an. Und ich verstand, dass sich die Mäuse auf dieser Insel auf eine ganz neue, nie dagewesene Piraterie verlegt hatten, die ihnen eine glänzende Zukunft bescheren würde. Ich aber würde meiner Hand verlustig gehen. Und so kam es.

Ich fand ein Boot und verließ einhändig die Insel. Ich verließ sie um eine Hand ärmer, aber um Einsicht reicher.

Das Blumenmädchen

Spanische Lautenmusik drang aus der sonnenwarmen Küche. Don Rodriguez, der Sammler, lehnte sich zufrieden auf der Küchenbank zurück, um einen Becher Wein an die Lippen zu setzen. Seit Jahren schon sammelte er Blumentöpfe und war so erfolgreich (erfolgreich, wie die alten Edelleute in Spanien nur sein können), dass er heutigen Tags den dreißigtausendsten Blumentopf seiner Sammlung hinzufügen konnte. Diese beeindruckende Sammlung füllte sein weißes Landhaus in allen Räumen und im Garten – und das war ein großes Landhaus mitten in Kastilien. Eine schwarzäugige Frau, die auf der Terrasse so schön Flamenco tanzen konnte, brannte ihm seine Pfeife an und ging, neuen Wein zu holen.

Don Rodriguez schloss die Augen. Niemand hatte jemals so viele Blumentöpfe gesammelt und sein eigen genannt wie er, niemand konnte ihm gleichkommen. Spanische Edelleute sind stolz, das ist bekannt. Doch aus den Lautenklängen, die aus der Küche kamen, wurden Worte, schälten sich unerwartete, entsetzliche Nachrichten, schlimmer als Feuer und Wasser, schlimmer als ein Heuschreckenschwarm, der die Ernte in Kastilien vernichtet. Die Laute sprach: „Don Rodriguez irrt! In seiner Sammlung findet sich eine Vase, von einem Topf kaum zu unterscheiden. Und niemand weiß, wer das Kuckucksei in die Sammlung schmuggelte oder wie sonst es hinein kam." Don Rodriguez zitterte. Er sah hinter den geschlossenen Augen ein helles Licht, doch mehr wollte die gute oder böse Fee nicht offenbaren, die aus der Lautenmusik sprach, wollte ihm mit ihrer goldenen Feenstimme nur auf seinen Irrtum hinweisen, aber nicht mit ihrem goldenen Feenstab auf diesen Irrtum zeigen. Eine Möglichkeit, den Fehler zu beheben, den wollte sie ihm geben. Aber wie sollte Don Rodriguez unter dreißigtausend vermeintlichen Blumentöpfen die eine Vase herausfinden, die noch dazu aussah wie ein Topf!

Don Rodriguez war ein stolzer Spanier und mithin auch ein leicht düsterer und immer wieder jähzorniger. Er zog die schwarzen Augenbrauen zusammen und schlug mit der Reitpeitsche auf den Küchenboden und warf den eben noch zufrieden gehaltenen Weinbecher, der ihm nun, obwohl unschuldig, wie ein grimmiger Feind und Verräter erschien, an die Wand. Sogar den Hund, der auf der Schwelle geschlafen hatte, verprügelte er, und als die Hühner gackernd durch den Hof hinaus aus dem Tor flatterten, den Straßenstaub bis über die Dächer der Häuser des Dorfes aufwirbelnd, da wussten die Leute: mit Don Rodriguez, bekannt als ruhiger, aber stolzer und auch zum Jähzorn neigender Blumentopfsammler, stimmt etwas nicht.

Die schwarzäugige Frau, die stets eine Rose im Haar trug und so oft so schön zu sehen war, wie sie auf der Terrasse Flamenco tanzte, folgte den Hühnern, wohl um sie wieder einzufangen, aber auch zur eigenen Vorsicht. In diesem Augenblick, als die Hühner flatternd den Hof verließen und die schöne Schwarzäugige ihnen nach auf die Straße lief, rumpelte ein Leiterwagen vorbei. Der Kutscher – er trug einen feierlichen Anzug mit goldenen Knöpfen und einer roten Schärpe um den Bauch – grüßte vom Kutschbock. Seine Zähne glänzten im Grinsen ungemein weiß. Zwei alte Weiber unter langen Kopftüchern gebeugt tuschelten gleich über ihn und die Schwarzäugige, obwohl weder sie den Kutscher, noch der Kutscher sie sich jemals zuvor gesehen hatten.

Als nun der Leiterwagen vorbei war, die Hühner sich beruhigt hatten und auf einer rostbraunen Wäschestange saßen und der Staub sich langsam zu Boden legte, stand vor der flüchtigen schwarzäugigen Frau die Fee und klärte sie auf. Und die schwarzäugige Frau mit einer Rose im Haar, sah, kaum dass die Fee ihre Rede beendet hatte und in einem goldenen Staubregen verschwunden war, schon die Lösung in der Tiefe ihrer dunklen Augen. Sie ging auf den Markt, der gerade im Dorf abgehalten wurde – deshalb war auch der Leiterwagen über die sonst so leere Dorfstraße gerumpelt – und kaufte einen bunten Blumenstrauß aus Hyazinthen und Baccararosen. Den Strauß trug sie nach Hause. Sie trug ihn in den Armen. Die Blumenblätter raschelten vor ihrer Brust.

Don Rodriguez lag betrunken im Kummer auf dem Küchenboden in einer Lache Wein. Die Frau aber, die mit den Blumen in die Küche trat, beachtete ihn nicht. Sie stieg vielmehr ohne ihn anzusehen über ihn hinweg, um ohne zu Zögern ihren Plan auszuführen. Sie stellte den Strauß in einen der Blumentöpfe, die auf den Regalen längs der Küchenwände aufgereiht standen. Der Blumentopf hielt die Blumen nicht lange. Die Frau brauchte keine Minute zu warten, und er spie den herrlichen Strauß aus sich heraus. Die Hyazinthen und die Rosen flogen durch die Küche und bedeckten den besoffenen Don Rodriguez auf dem Küchenboden. Natürlich: denn Blumentöpfe vertragen keine Schnittblumen. Aber dass die Blumentöpfe das wussten und die Schnittblumen so entschieden abwiesen, das hatte der Zauber der Fee getan, und die Schwarzäugige, sie hatte es gleich erraten. Blumentöpfe können viel Erde und viele Topfblumen vertragen, aber von Schnittblumen, da wird ihnen schlecht. Zumindest bei diesen Blumentöpfen war es so. Die Frau sammelte die Blumen wieder auf, formte einen Strauß und stellte ihn in den nächsten Topf. Es wiederholte sich das Nämliche. Der dritte Topf war blau lackiert, aber das half ihm nichts. Auch er erbrach die Schnittblumen, die langsam ihre Frische verloren. Ob schlicht und tonerdenfarben, ob bunt verziert, blaurot bemalt, lackiert oder doppelt gebrannt, ob aus Österreich, Portugal, aus Amsterdam oder aus heimischer Produktion, ob echt antik (ein mykenischer und ein etruskischer Topf waren darunter) oder jüngeren Datums (wie der Blumentopf, der einst in der Klosterzelle des Beichtvaters von Philipp II. stand) oder gar modern (ein Blumentopf von Rauschenberg und sogar einer von Picasso), sie alle mussten sich übergeben und warfen die Schnittblumen im hohen Bogen hinaus.

Nach eineinhalb Stunden hatte die schwarzäugige Frau hundertundvierundfünfzig Blumentöpfe überprüft. Das war ein sicheres Ergebnis, aber in diesem Tempo konnte es nicht weitergehen. Don Rodriguez schnarchte und bekam nichts mit. Wie lange würde es dauern, bis sie dreißigtausend Blumentöpfe und eine Vase durchprobiert hätte, sollte die Vase ganz am Schluss stehen. Auch waren die Blumen schon kaum mehr zu gebrauchen. Und wie viele Sträuße sollte sie kaufen? Die Wäsche war noch zu waschen und auf die Leine zu hängen, der Küchenboden zu wischen und Don Rodriguez beiseite zu schaffen, sollte er in den nächsten Tagen nicht selbst zur Besinnung kommen, und damit war nicht unbedingt zu rechnen.

Die Schwarzäugige goss sich einen Weinbrand in ein Küchenglas, kippte es und dachte nach und fand die richtige Lösung. Sie trug die Blumentöpfe in großen Kisten in den Hof. Dort stellte sie sie schlangenlinienförmig auf. Es dauerte ein wenig, aber die Schwarzäugige war schnell und kräftiger, als man es ihr ansehen konnte, und so konnte sie sehr große Kisten schleppen. Neugierige, vor allem Kinder, schauten über die Mauer und durch das Tor hinein, auch der Hund schaute interessiert zu, aber die Frau ließ sich nicht beirren. Und als sie die wundersame Aufstellung der Blumentöpfe beendet hatte, stellte sie den zerfledderten, aber immerhin noch ein wenig bunten Blumenstrauß in den ersten Topf in der Schlange. Wie erwartet spie der Topf die Blumen aus und übergab sie dem nächsten und dieser wieder dem nächsten und dann dem übernächsten und so weiter und so weiter, bis schließlich – schon senkte sich das Abendrot über den Hof und das Haus und schimmerte rosa auf der Hofmauer – im fünfundzwanzigtausendeinhundertundfünfundreißigsten Topf die Blumen, oder was davon übrig war, Halt machten. Dieser Topf war also die Vase – die Vase, die schon lange Jahre einsam unter Töpfen gestanden und die, da sie eine sehr bauchige Vase war, niemand bemerkt hatte. Sie hatte sich so nach Schnittblumen gesehnt. Und als die Sehnsucht am größten war, da war ihr die Fee zu Hilfe gekommen, und die kluge schwarzäugige Flamencotänzerin hatte sie erlöst. Diese, nicht faul, sammelte die Töpfe wieder ein und stellte sie zurück, einen jeden, wohin er gehörte. Und die Vase, die stellte sie auf den Küchentisch.

Als Don Rodriguez am nächsten Morgen erwachte, hatte er keinen Kater, sondern fühlte sich im Gegenteil erfrischt wie nie. Die Blumenvase fand er, entdeckt von zauberhafter Feenhand (wie er dachte), auf dem Küchentisch vor. Es gibt doch noch Wunder.

Da die Blumenvase von nun an nicht ungenutzt blieb und stets mit Blumen bestückt wurde, die die schwarzäugige Frau, die auf der Terrasse, wenn es Sommer war oder Frühling, Flamenco tanzte, bei dem Mann mit dem Leiterwagen, dem Kutscher im eleganten Anzug, kaufte, schmolz der Stolz des Don Rodriguez und verfloss in Güte und Milde. Und als die Schwarzäugige ihn beweinen musste, begruben ihn die Leute aus dem Dorf nicht als Don Rodriguez den Jähzornigen, auch nicht als Don Rodriguez den Stolzen. Als Don Rodriguez den Gütigen begruben sie ihn. Die Sammlung aber, für die seine Witwe, die immer noch schöne Schwarzäugige, ein Museum einrichtete, umfasste neunzigtausend Töpfe. Genau neunzigtausend. Eine Vase war nicht darunter.

Die Riesen

– Einst hat es Riesen gegeben, das kannst du mir glauben, und was für welche! Riesige Riesen, stolz und mächtig, größere noch als ich, mit Schultern wie Felsen und Beinen wie Eichenstämmen! – So sprach der Riese zu mir, als ich mich im Museum verirrt hatte. Ich begegnete ihm in einer Kammer, die ich wohl nicht hätte betreten sollen. Jemand hatte vergessen, die Tür abzuschließen, und ich dachte, darin wäre etwas, aber ich trat nur in einen Putzeimer. Der war zum Glück leer. Nur der Lappen war noch feucht und mein rechter Strumpf wurde nass. Auch schlug mir ein Besenstiel auf die Stirn. Und wie ich den Besenstiel von meiner Stirn zurück in die Ecke schob und meinen Fuß aus dem Eimer befreite, sah ich den Riesen vor mir stehen. Eine rotbraune Haut hatte er und einen breiten vorstehenden Kiefer, überhaupt ein gewaltiges, leicht nach vorn geschobenes Gesicht. Und er hatte mächtige Arme und hielt in seiner Rechten eine grobe Keule.

Was für ein Anblick, dachte ich, in dieser engen, halbdunklen Kammer mit einem Putzeimer am Eingang. Eine Figur, dachte ich, natürlich, eine aus Gips, die nicht mehr gebraucht wird, oder sie sollte repariert werden. Sah es nicht so aus, als ob der Arm mit der Keule leicht verletzt war, etwas Weißes – Gips eben – unter der rotbraunen Haut hervorschaute? Aber wer konnte das schon mit Bestimmtheit sagen in diesem dämmrigen Licht.

Eine Figur jedenfalls, da war ich mir sicher. Doch der Riese begann zu sprechen, und sein Mund ging auf und zu dabei, und die Zähne leuchteten in der Dunkelheit. – Und Riesenfrauen gab es, sagte er: gewaltige, mit Stimmen, die trugen über die Berge, auf ihrem Klang segelten die Vögel und brauchten keinen Flügelschlag. Der Gesang der Riesenfrauen trug sie über den Fluss. Und am Fluss lebten wir und schauten auf die Hügel, bedeckt von Wald, auf denen die kleinen Leute später ihr kleines Schloss bauten – in der Farbe unserer Haut. Ich weiß nicht, um uns zu ärgern oder uns zu ehren oder weil sie uns schon gar nicht mehr kannten. Jedenfalls hat einer von uns, ein etwas jähzorniger Typ, ihr Schloss mit einem Fingerschnippen kaputt gemacht. Das hat aber nichts genutzt. Zu dem kaputten Dings kamen bald noch mehr kleine Leute als zu dem heilen.

– Hm, hm, ich räusperte mich. Und der Riese brummte: Hmm, hmm. Ja, ich schweife wohl ab. Wo war ich noch? Ach ja: am Fluss, da hatten wir unser Lager, und wir wanderten am Fluss entlang, Jahrhunderte, Jahrtausende, Jahrzehntausende. Und wir fingen Fische und Säbelzahntiger, diese garstigen Viecher, und manchmal besuchten wir unsere Verwandten in Afrika. Dann wanderten wir viele Zeiten, die ihr Wochen und Monate nennt, und feierten noch mehr Zeiten an den großen Feuern in der Savanne. Bis wir wieder zurückwanderten. So war unser Leben, und es war lang und es war ruhig, und es war gewaltig. Ja, wir waren Riesen und kaum einer, der weniger als die Länge maß, die ihr drei Meter nennt. Nur manche waren kleiner. Ich bin nicht so groß. Doch ich bin immer noch großartig, sagte er und richte sich hoch auf und schob die Brust hervor und spreizte die Schulterblätter wie ein Schmetterling die Flügel. – Ja, ja, sagte ich. Die Erscheinung war auch wirklich beeindruckend.

– Und als wir schon verschwunden schienen, da wurde ich gefunden! Nicht im Ganzen freilich: nur mein Unterkiefer, aber immerhin! – Ach, den habe ich gesehen! – rief ich aus: Der liegt in der hohen Glasvitrine als der gut erhaltene Rest eines Urmenschen. Das sagte ich wunderte mich gar nicht, dass ein Kiefer in einer Vitrine liegen konnte und zugleich in einem Menschen stecken – denn ein Mensch war der Riese ja wohl trotz allem. – So ist es, sprach der Riese: Ein kleiner grauer Professor, einer von den vielen kleinen Leuten, so einer wie du, die hier im Tal leben, seit wir nicht mehr sind, hat die Zähne und den Knochen aus dem

Sand gegraben. Und hat sie überall herum gezeigt und gesagt: Hier gab es einmal Riesen. Und das stimmte.

Doch wie, wirst du dich fragen, sind wir der Welt abhanden gekommen? Das ist eine traurige Geschichte. Es kamen die kleinen Leute. Die machten und taten, die hämmerten und sägten und schwirrten im Wald umher und bauten ihre kleinen Häuser – sowas haben wir nie gebraucht – und hatten Angst vor uns. Vor uns! die wir niemanden etwas tun, weil es uns viel zu mühsam ist, jemandem etwas zu tun. Denn wir sind gewaltig und leben Jahrhunderte, Jahrtausende, Jahrzehntausende …

– Sie sagten es schon, unterbrach ich ihn kurz. – Ja, ja. Aber sie hatten Angst vor uns, obwohl wir ihnen die lästigen Säbelzahntiger vom Leib hielten und die Säbelzahntiger schließlich sogar ganz ausrotteten – das war aber auch das Einzige, was wir jemals ausgerottet haben. Und weil sie Angst hatten, kam es vor, dass sie uns mit ihren kleinen spitzen Pfeilen beschossen. Das tat uns nicht weiter weh, aber manchen hat es schon mal geärgert, und da hat er gleich so einen ganzen Trupp kleiner Leute einfach weggeschnippst. Da flogen sie umeinander und purzelten und rollten. War eigentlich ganz lustig anzusehen. Doch davon bekamen sie noch mehr Angst und das war unser Unglück. Du denkst, sie hätten nun schnell ihre schrecklichen Sachen gebaut, um uns umzubringen. Nein, das war es nicht. Es geschah etwas anderes. Zuerst haben wir es kaum bemerkt, aber irgendwann fiel es uns doch auf: wir wurden kleiner! Stell dir das vor! Das ist nämlich so. Die kleinen Leute, solche wie du, die werden, das habe ich schon beobachtet, ganz klein, wenn sie Angst haben. Da ziehen sie sich zusammen, verkugeln sich und verschwinden schließlich. Naja, so ungefähr. Aber bei uns ist es anders, nur wussten wir das nicht, bevor die kleinen Leute kamen. Wir werden kleiner, wenn andere *vor uns* Angst haben. Und je größer ihre Angst wurde, desto kleiner wurden wir. Das erste Mal merkte ich es, als eine der Riesenfrauen in ihrem Riesengesang wieder eine Schar Vögel über den

Fluss tragen wollte. Der Gesang klang schön, nichts Auffälliges war zunächst zu spüren. Aber dann, als die Vögel schon in der Mitte über dem Fluss waren, begannen sie aufgeregt zu flattern. Sie flattern nervös, ängstlich, in Panik und dann stürzten sie alle miteinander in den Fluss. Was für eine Tragödie! Der Gesang der Riesenfrau trug nicht mehr. Ganz erschrocken sah ich sie an und da erkannte ich, dass die Baumkrone hinter ihr, die sie an derselben Stelle noch vor ein paar Tagen ganz verdeckt hatte, zu sehen war. Die Riesenfrau war geschrumpft. Und so, das wussten wir bald, ging es uns allen. In unserer Sorge und Ratlosigkeit wanderten wir zu unseren afrikanischen Verwandten, aber in den Savannen fanden wir keine Riesen mehr. Sie waren alle schon vor uns weggeschrumpft. Und die kleinen Leute, die dort lebten – oder waren es sogar unsere eigenen Verwandten – rannten voller Angst vor uns weg. Da kehrten wir schnell wieder um. Und so kamen wir entkräftet und voller Sorge und Trauer und ohne Hoffnung in unser Tal an den Fluss zurück. Und da stolperte ich über einen der kleinen Leute, der am Fluss stand und angelte. Noch immer war er für mich ein Zwerg. Ich stolperte über ihn und blieb liegen, blieb im Sande des Flusses einfach liegen. Was mit den anderen wurde, das weiß ich nicht.

– Ach, was für eine schlimme Geschichte, seufzte ich: Aber wie kommen Sie in diese Kammer?

– Oh, sagte er. Wir Riesen sind etwas ganz besonderes! Wir leben Jahrhunderte, Jahrtausende, Jahrzehntausende lang … ! – Ich verkniff mir zu sagen, das habe er schon einmal gesagt. – Als der kleine graue Professor meinen Kiefer fand, da sagte er, wie ich schon sagte, dass es einst Riesen hier im Tal am Fluss gegeben habe. Und so einen Riesen mit so einem riesigen Gebiss, den solle man im Museum aufstellen und den Menschen zeigen. Das freute mich, als ich das hörte. Meine Zähne können nämlich sehr gut hören, musst du wissen! Und der kleine graue Professor ließ einen Riesen bauen – einen kleinen Riesen – aber immerhin: einen Riesen, der genauso aussah wie ich. Ach was, der so *aussah* wie ich. Nein, der ich *war*! Denn, auch das musst du wissen, wo immer einer von uns erscheint, gleich in welcher Gestalt und Form, ob aus Haut und Knochen und Fleisch und Muskeln oder aus Holz oder Stein oder aus Sand oder Papier. Gleich wie einer auch erscheint. Wenn er so ist, wie er ist, dann ist er da. So ist das bei uns Riesen. Und wir Riesen haben Geduld. Wir können Jahrhunderte, Jahrtausende, Jahrzehntausende auf einer Stelle stehen, wenn es sein muss. Und so auch ich. Ich stand ehrlich im Museum und freute mich an den kleinen Leuten, die einen Riesen bestaunten ohne Angst zu haben. Ja bestaunten! Und das war leider wieder ein Problem. Denn wenn wir Riesen bestaunt werden, werden wir größer, genauso wie wir kleiner werden, wenn einer Angst vor uns hat. Und der Museumsdirektor, dieses schlaue, kleine und leider knausrige Kerlchen, hat das gemerkt. Wollte es zuerst nicht glauben, hat dann aber jede Woche nachgemessen. Und dann hat er gerechnet: Wenn das so weitergehe, dann reiche der Riese bald bis zur Decke und dann müsse bald ein neues Gebäude für den Riesen gebaut werden, und wer soll das bezahlen! Also hat er sich schnell einen neuen kleinen grauen Professor gesucht – der alte war ja längst gestorben – und der hat ihm einen Bericht geschrieben, dass es gar keine Riesen hier im Tal am Fluss gegeben habe. Große Menschen vielleicht, das ja, aber nichts Ungewöhnliches. Nur die Kiefer, besonders die Unterkiefer seien sehr groß gewesen und die Gesichter breiter und die Münder halt sehr weit vorstehend. Als hätten wir ausgesehen wie Monster! Dabei waren unsere Riesenfrauen viel schöner als es die kleinen Frauen jemals sein können. – Natürlich, natürlich, pflichtete ich ihm schnell bei, denn ich wusste ja nicht, ob die Riesen in bestimmten Dingen nicht doch eifersüchtig und schnell beleidigt sein können.

Und der Riese sprach weiter: Weil es nun mal keine Riesen gegeben habe, da könne man auch keine ausstellen. Und so schoben sie mich in diese Kammer.

Da sagte ich: Ach, das ist wieder eine traurige Geschichte. Die Geschichte vom endgültigen Verschwinden der Riesen. Gibt es denn keinen Ausweg?

– Es gibt einen Ausweg, sagte der Riese: Ich muss mich unter die Leute mischen, muss zwischen ihnen hin und her laufen. Sicher, mit der Keule in der Hand und dem komischen Anstrich, der meine Haut ist, werden die Leute sich erst wundern. Aber ich weiß, dass die kleinen Leute heute nicht so schnell Angst haben. Sie halten alles zuerst für einen Scherz, eine Werbung, werden sie denken, oder so etwas ähnliches. Vielleicht gelange ich dann wieder zu meiner alten Größe. Vielleicht finde ich die anderen Riesen wieder! Das wäre schön! Ich weiß, es ist ein Risiko. Die Sonne könnte mich verbrennen. Der Regen könnte mich aufweichen. Aber es ist eine Möglichkeit.

– Gut, sagte ich und schob den Putzeimer tiefer in die Ecke und schaute vorsichtig zur Tür der Kammer hinaus. Es war ein ruhiger Nachmittag im Museum. Kein Mensch zu sehen. Die Frau an der Kasse strickte, das wusste ich. Die würde nichts bemerken. Ich winkte meinem Riesen. Der bückte sich leicht und schlüpfte durch die Tür in den Saal für den römischen Mithraskult. Das schien ihn aber nicht weiter zu interessieren. Von dort konnte er über das Treppenhaus ins Freie gelangen. Er kannte sich aus. Als ich die Tür zur dunklen Kammer zuzog, war er schon verschwunden.

Ich habe den Riesen nie wieder gesehen. Aber ich denke: Was nicht ist, das kann noch werden.

Teure Scherenschnitte und einige Haushaltsfragen

Solange lag die Schere auf ihrem Platz, ohne dass JöRG sie gebraucht hatte.

JöRG saß am Schreibtisch. Die Schere vor ihm rührte sich nicht. Ihr Leib war ganz aus echtem Solinger Edelstahl und von Kopf bis Fuß verchromt. Darauf konnte sie sehr stolz sein. Schön wie sie war, hätte sie im Klingenmuseum liegen können. Sie lag aber vor JöRG auf dem Schreibtisch. Ihre Scherblätter liefen nadelspitz zu, gleich zwei schlanken Dolchen, und sie hatte kräftig rund geschliffene Rücken, die Schneiden aber waren scharf wie Rasierklingen. Eine Schraube hielt die Klingen fest zusammen und bot doch so viel Bewegungsfreiheit, dass die Schere voller Leichtigkeit schneiden konnte, wenn man sie nur ließ.

Entschlossen starrte sie, die nun schon seit Wochen ihre Schenkel nicht öffnen und die angeschliffenen Schneidekanten nicht gegeneinander streifen durfte, weil JöRG sie nicht gebrauchte, JöRG aus ihren großen Augen an, den Ösen, in die eigentlich Finger gehörten, um mit der Schere zu schneiden. Diese Schere fühlte sich nicht ausgelastet.

JöRG bemerkte ihren herausfordernden Blick nicht. Er schrieb ohne zu schneiden, und das schon sehr lange. Auf der Suche nach einem besseren Kugelschreiber schob er die Schere sogar ein wenig achtlos zur Seite. Das war zu viel!

Die Schere bäumte sich auf, rutschte vorwärts zu dem Papier, auf dem JöRG gerade den neuen Kugelschreiber ausprobierte, riss ihr Scherenmaul weit auf und schnitt einen tiefen Schnitt in das wichtige Dokument.

JöRG merkte auf. Kopfschüttelnd legte er die Schere zurück auf ihren Platz. Dort setzte er den marmornen Briefbeschwerer auf die unartigen Klingenspitzen, die unter der ungewohnten Last leicht auseinanderklafften und so dem Schnabel eines toten Vogels glichen.

JöRG betrachtete bekümmert seine zerschnittenen Unterlagen. Alles musste nun neu gemacht werden. Daher fasste er den Entschluss, zunächst ein Bad zu nehmen und etwas Gutes zu essen, denn eine gehörige Erfrischung tat ihm augenscheinlich not.

Kaum hatte er sich jedoch erhoben und zur Tür gewandt, da hörte er hinter sich ein Poltern. Die Schere hatte den Briefbeschwerer vom Tisch gestoßen. JöRG drehte sich um, und das war sein Glück, denn gerade, als er dem Tisch die Seite zuwandte, raste die Schere an ihm vorbei und donnerte wie ein Geschoß in die Tür.

Dabei zerriss sie sein Hemd. Hätte sich JöRG nicht umgeschaut, hätte die Schere seinen Rücken durchbohrt – und dann prost Mahlzeit! So war es besser.

Die Schere befreite sich behände aus der Holzmaserung und setzte erneut zum Angriff an. Ihre scharfen Klingen klappten auf und zu. Der Klang des Metalls begleitete sie wie der Flügelschlag eines Raubvogels auf der Jagd nach einem Kaninchen. Sie wollte JöRG die Augen ausreißen, er aber wehrte ihren Zuschnitt mit dem Ellenbogen geschickt ab, so dass sie nur sein rechtes Ohr erwischte.

JöRG schrie auf. Seine Hand fuhr zu der Wunde, aus der das Blut spritzte. Sein rechtes Ohr lag zu seinen Füßen.

Die Schere flog wieder ausgeklappt auf ihn zu, als wolle sie ihn verschlingen. Da griff er geistesgegenwärtig zum Schreibtischstuhl und hielt ihn an der Lehne schützend vor sich. Die Schere klappte im Flug die Scherblätter zusammen, fuhr dem Stuhl zwischen die Beine, zersplitterte sie in einer raschen Drehung. Die vier Hölzer wurden durchs Zimmer geschleudert. JöRG stieß mit dem Rest nach seiner stählernen Gegnerin, doch sie warf sich schräg mit ihrem starken Rücken gegen die Unterseite der Sitzfläche, die sie aus dem Rahmen brach.

Das Brett traf JöRG vor den Kopf und machte ihn für Sekunden benommen. Noch bevor jedoch auch die Schere neue Kräfte sammeln konnte, warf er den nutzlosen Stuhl fort und sprang aus dem Zimmer in die Diele. Dort hing an der Wand der alte Degen, mit dem sein Vater im Dreißigjährigen Krieg gefochten hatte (nun ja, in einem Schauspiel über den Dreißigjährigen Krieg). Den riss er vom Haken.

Nun stand er der Schere nicht mehr unbewaffnet gegenüber. Das Blut aus der Wunde, über der einst sein Ohr ansässig gewesen war, floss über die Wange in den Bart und befleckte sein frisch gestärktes, nun leider zerrissenes Hemd. Mit Degen fühlte er sich aber sicher.

Da kam auch die Schere schon wieder angeflogen. Er lachte ihr ins Gesicht, stellte sich in Positur, tippte die Degenspitze auf den Boden, dann hob er die Waffe elegant und sprach, wie er es schon oft gesehen und gelernt hatte: – En garde! – schon der Schere im Sinkflug einen gut platzierten Schlag verpassend, der sie gehörig aus der Bahn warf. Damit hatte sie nicht gerechnet. Sie kreiste verwirrt um den Kronleuchter.

JöRG stellte den linken Fuß senkrecht zur Blickrichtung und tänzelte spielerisch mit dem rechten Bein. Den linken Arm hielt er angewinkelt hinter dem Rücken.

– Nun wollen wir die Klingen kreuzen, wie es zwischen Männern geziemt … Pardon, zwischen Damen und Herren! Er stieß nach der Schere. Diese parierte. Der Degen traf den Kronleuchter (wer hatte eigentlich einen Kronleuchter in der Diele aufgehängt?), welcher zu Boden stürzend in tausend Stücke zersprang (nicht Schade drum).

Das gab der Schere Auftrieb. Sie hielt jetzt geschlossen auf JöRGs Brust. JöRG war ein guter Fechter. Scheppernd trafen die feindlichen Metalle aufeinander. Er versetzte der Schere einen solchen Hieb, dass sie benommen zur Erde taumelte. – Da hab ich dich, rief JöRG triumphierend und drückte die Schere mit dem rechten

Fuß tief in den Teppichschaum, als Rache für sein Ohr. Das hätte er nicht tun sollen. Die Schere besaß mehr Kraft. Sie drückte den auf ihr lastenden Fuß mit einer Gewalt von sich, die JöRG das Gleichgewicht raubte. Bevor er fiel, stach sie ihm in die Sohle.

JöRG wirbelte durch die Diele. Glücklicherweise hatte er sich seit seiner Jugend in allen asiatischen Kampfsportarten geübt. Ein anderer an seiner Stelle hätte sich bestimmt bei diesem Sturz mit des Vaters Degen den eigenen Bauch aufgeschlitzt.

Doch nun bekam es selbst JöRG mit der Angst zu tun. Er focht sich erfolgreich gegen die wütende Schere den Weg zur Tür frei. Dabei fielen der Spiegel von der Wand und die Mäntel von der Garderobe, und er wurde an mehreren Stellen des Körpers empfindlich verwundet. In günstiger Sekunde, gelang es ihm die Tür zu öffnen und entschlüpfte ins Treppenhaus. Er warf die Tür hinter sich ins Schloss. Er atmete auf.

Ihres Gegners beraubt richtete die Schere außer sich vor Wut in der ganzen Wohnung schlimme Verwüstungen an. JöRG hörte Möbel zerbersten und Geschirr zerscheppern, war aber um sein Leben erleichtert.

Die Erleichterung jedoch währte nur kurze Zeit. Da hörte er, wie sich die Schere am Schlüsselloch zu schaffen machte. Ihn packte das kalte Entsetzen. Der Schere gelang es tatsächlich, das Schloss zu knacken. Schon sprang die Tür auf.

JöRG sah die scharfen Messer, wie sie klirrend aufeinanderschlugen, spitz und scharf, skrupellos und kampftüchtig, eine grausame Waffe! Rache ist ein unterhaltsames Geschäft.

JöRG flüchtete sich auf die Treppe, die zum Boden führte. Er hoffte, von oben herab sei ein leichteres Kämpfen für ihn, als für die Feindin von unten herauf.

– Also gut, Schwert zu meiner Linken, ich seh' dich fröhlich blinken! – So machte er sich Mut: Der Angriff bergan war schon unter Wallenstein der schlechtere. Ich stehe demnach gut.

So kämpften sie dann, Streich um Streich austeilend die Stufen empor. JöRG schlug sich immer besser, doch was kann selbst der kühnste Kämpfer gegen eine fliegende Schere ausrichten, die mit zwei Klingen aus Edelstahl den Gegner bedrängt, noch dazu rasiermesserscharf. Diese Schärfe bekam JöRG oft zu spüren. Er blutete aus zahlreichen Wunden. – Bin ich nun ein Schweizer Käse, bei so vielen Löchern oder ein Camembert, weil ich auf der Höhe meiner Reife auslaufen muss?

Das Kling-Klong der Klingen klang durchs Treppenhaus. Auch die Schere ermüdete langsam, obwohl ihr der Kampf gefiel, denn jetzt hatte sie endlich wieder etwas zu tun!

Sie waren inzwischen vor dem Absatz angelangt, an dem das Treppenhaus einen Bogen machte. Auf dem Absatz stand eine ansehnliche chinesische Vase mit roten Nelken aus dem Garten. JöRGs größte Sorgen begannen um die Vase zu kreisen.

Die Schere war anderer Meinung. Sie glitt plötzlich an ihm vorbei schnitt blitzschnell den Nelken die Köpfe ab – exekutiert – um dann die Vase umzustoßen. Die Vase zerbrach, das Wasser ergoss sich auf der Treppe. Die Stufen aus Solnhofer Platten mit Einschlüssen von echten Urschalentieren verwandelten sich in einen glitschigen Untergrund. Das wollte die Schere erreichen. JöRG glitt aus. Er fiel der Länge nach auf die Treppe. Schnapp! Die Schere klappte zu und sie traf JöRG und bohrte sich in seine linke Brust, dicht unter dem Herzen. Ruhig zog sie sich wieder aus dem Fleisch heraus. Sie dachte, JöRG sei nun tot.

Aber das war noch nicht das Ende. JöRG lebte und gab nicht auf. In einer Kraftanstrengung, wie sie der Mensch nur in den letzten Sekunden oder aber ein unbesiegbarer Held aufzubringen vermögen, schwang er sich gewandt über das Treppengeländer und stürzte die wenigen Stufen zum nächsten Treppenabsatz hinauf. Von dort konnte man, wurde eine Klappe an der Decke geöffnet, eine Leiter zum Dachboden herablassen.

Das war seine letzte Hoffnung: auf den Boden zu entkommen und die Klappe noch vor der Schere zu schließen. Doch er hatte noch nicht den Degen ausgestreckt, den Haken zu lösen, mit dem die Klappe verschlossen wurde, da war die Schere schon wieder bei ihm.

– Fort Gesindel, du störst! Diesmal traf er gut die Schere mit der Degenspitze durch das obere hohle Auge. Nun konnte sie nur noch halb so viel sehen. Schon beim nächsten Angriff, machte sich das bemerkbar. Die Schere zielte auf JöRGs Stirn, fehlte aber um viele Zentimeter. Zitternd blieb sie in einer Wurfscheibe für Pfeilspiele stecken, die hinter JöRG an der Wand hing. – Mitten ins Schwarze. Nicht schlecht für den ersten Wurf – und noch dazu einäugig!!

JöRG gelang es nicht, den Haken zu lösen. Er sah auf die Klinge seines Degens, mit dem er an der Klappe herumhantierte. Sie blinkte blank poliert. In einem ordentlichen Kampf ist es nicht schlimm, aus vielen Wunden zu bluten, wenn auch der Stahl der eigenen Klinge rot ist vom Blut der Feinde. Aber die Gegnerin, mit der JöRG es zu tun hatte, hatte weder Blut noch Herz. Dafür umso mehr Tücke.

JöRG brauchte sich gar nicht um die Klappe zu bemühen. Die Schere flog den Haken senkrecht an und riss ihn aus der Verankerung. Die Klappe flog auf, heraus rasselte die Leiter. Die sollte JöRG wohl erschlagen, doch er sprang rechtzeitig zur Seite und gelangte – er wusste selbst nicht wie – auf sie hinauf.

Die Schere folgte ihm. Er hatte schon die letzten Stufen erreicht, da musste er sie wieder mit dem Degen abwehren. Dabei geriet seine Klinge so unglücklich zwischen die Scherblätter, dass der Degen zerbrach. Die Klinge sprang klirrend die Treppe hinab. JöRG hielt den wertlosen Schaft in der Hand. Er brach zusammen. Jetzt war alles aus. Nun würde auch er über die Klinge springen.

Schon setzte die Schere zum letzten, tödlichen Stoß an – da geschah das Wunderbare! Sie schwenkte in einem sanften Bogen an JöRG vorbei in die Tiefe des Raumes ab.

Auf dem Dachboden lag Kiloweise Altpapier. Das hatte die Schere mit dem verbliebenen Auge entdeckt. Und nun begann sie, all' dieses Papier in Streifen zu schneiden und kümmerte sich nicht weiter um JöRG.

Er stand auf und klopfte den Staub vom Anzug. – Das ist also alles. Meine Schere brauchte nur etwas Beschäftigung. Deswegen der ganze Aufwand. Fechtszenen dauern wohl immer so lange. Aber dieses Ergebnis hätte ich auch billiger haben können. Eine Wohnungseinrichtung ist zerstört, eine chinesische Vase zerbrochen (um den Kronleuchter tut es mir weniger leid) und dann noch die kommenden Arztrechnungen …!

Das werden teure Scherenschnitte.

Der Revolverheld

Ich traf den Revolverhelden in einem Café. Genaugenommen war nicht der Revolverheld, sondern der Kellner die Hauptperson, aber Kellner sind nicht so interessant. Das Café war auch kein richtiges Café, nur ein Schnellrestaurant mit Neonleuchten an der Decke und Plastiktischen und Plastikstühlen. Die Tische hatten immerhin silberne Beine. Ich nehme an, sie waren aus Metall. Den Kaffee konnte man aus Pappbechern trinken, aber auch aus weißen Porzellanbechern. Ich konnte mich nicht entscheiden. Natürlich ist es besser, Kaffee aus einem Porzellanbecher zu trinken, aber ich war unterwegs und nur ganz kurz in diesem Café oder Schnellrestaurant oder was auch immer. Und zu diesem Gefühl, nicht lange bleiben zu wollen und doch zu entspannen, passte besser ein Pappbecher. Also nahm ich zwei Kaffees mittlerer Größe, einen in einem Pappbecher und einen in einem Porzellanbecher. Das klingt sicher sehr unvernünftig, aber so war es eben, und die beiden Becher waren auch der Grund, warum ich den Revolverhelden nicht gleich bemerkte, obwohl er eigentlich nicht zu übersehen war und den anderen Gästen sofort auffiel.

Ihm war anzusehen, dass er vom O. K. Corral träumte, dafür aber zu spät auf die Welt gekommen war. Hier sah er eher aus wie ein Schauspieler ohne Rolle, trug einen großen Hut, den er nicht absetzte, schwarze Stiefel und eine Lederweste, außerdem Bartstoppeln, und die Nase war leicht schief. Solche Sachen interessieren natürlich nicht weiter, und vielleicht achtete ich auch deshalb nicht darauf. Aber wenn einer einen echten Revolver auf den Tisch legt, dann erweckt das schon mehr Aufmerksamkeit. Und das hätte ich sofort gesehen, wenn ich nicht von meinen Kaffeebechern abgelenkt worden wäre.

Das Café war, wie ich schon berichtet habe, ein Schnellrestaurant, aber es gab einen Kellner, der gerne von Tisch zu Tisch ging und fragte, ob alles in Ordnung sei und man vielleicht noch einen Wunsch habe. Der Kellner, dessen Kellnerjacke strahlend weiß war, fragte auch den Revolverhelden. Er fragte ihn also, ob er einen Wunsch habe und ob alles in Ordnung sei. Der Revolverheld hatte noch gar nichts bestellt oder an der Verkaufstheke geordert. Deshalb war die Frage sehr berechtigt und sehr höflich, aber der Revolverheld antwortete grimmig, was Kellner freilich gewohnt sind, und überraschend, was nicht so oft vorkommt. Er wolle keinen Kaffee. Er wolle ein Duell. Dabei nahm er provozierend den Revolver in die Hand und richtete ihn auf den Kellner.

Der Kellner verstand, dass das eine gefährliche Situation sei, er aber zum Glück weder einem Attentäter noch einem Amokläufer gegenüberstand, sondern einem, der wisse, was er wolle. Nur wollte das er, der Kellner nicht. Er könne das verstehen, sagte er deshalb, er könne das gut nachvollziehen, nur sei er mit ihm, dem Kellner, leider an den Falschen geraten. Er sei nun mal kein Revolverheld, mit dem ein Duell zu veranstalten sei. Da müsse er den Herrn leider bitten, wieder zu gehen. – Im Übrigen, fügte der Kellner hinzu – und das war der Moment, da auch ich auf das Gespräch aufmerksam wurde – müsse er ihn darauf aufmerksam machen, dass die Videoüberwachung direkt auf sein Gesicht gerichtet sei.

Das war dem Revolverhelden ganz egal. Er spannte den Hahn und sagte auch, dass ihm das mit der Videoüberwachung und den Ausreden – von wegen kein Revolverheld, sondern nur Kellner und so – ganz egal sei. Er wolle jetzt ein Duell und zwar sofort.

Der Kellner blieb ganz ruhig. Er bat um einen Moment Geduld, denn dafür seien nun doch einige Umbauten notwendig. Damit war der Revolverheld einverstanden und er legte den Revolver wieder auf den Tisch. Der Kellner ging hinter seine Theke und schloss einen weißen Schrank auf, in dem ich bisher Tassen und

Teller vermutet hatte. Es stand aber ein Gewehr darin, ein echter Karabiner. Den nahm der Kellner aus dem Schrank und kam wieder hinter der Theke hervor. Er bat ein Pärchen, das an einem der langen Tische saß und innig schmuste, sich an einen der kleineren Tische zu setzen, denn der große hier werde jetzt gebraucht. Es sei auch besser, etwas am Rande zu bleiben, denn gleich werde scharf geschossen. Das Pärchen ging darauf ein. Es war beiden anzusehen, dass sie den Kellner nicht für voll nahmen.

Dann aber wurde doch allen, die das Ganze bisher nur amüsiert beobachtet hatten, etwas beklommen ums Herz. Und auch ich hielt den Atem an. Denn der Kellner stürzte den Tisch um und brachte sich dahinter mit dem Karabiner in Stellung. – So, rief er mit lauter fester Stimme: Nun kann's losgeh'n! Ich zähle bis drei. Wer zuerst tot ist, hat verloren.

– Halt! rief da der Revolverheld: So nicht! Gewehr gegen Revolver, das gilt nicht.

Der Kellner stand wieder auf. Die Gäste atmeten tief durch. Der Kellner stellte den Tisch wieder auf seine Beine. Und sagte zum Pärchen, sie könnten sich jetzt wieder dahin setzen. Aber sie wollten nicht mehr. Der Kellner brachte sein Gewehr hinter die Theke und verschloss es wieder im Schrank. Dann ging er zum Revolverhelden, zog einen Stuhl heran und sagte: Wir wollen es nun mit einer Geschichte versuchen!

Die anderen Gäste und auch ich hatten nur noch Augen für den Revolverhelden und den Kellner, der sich als der eigentliche Held der Geschichte herausstellte. Ja, eine Geschichte wolle er erzählen und dabei könnten auch gerne alle anderen, wenn sie wollten, zuhören. Die Geschichte sei nicht lang und auch sehr einfach. Die Moral der Geschichte sei ausgesprochen leicht zu verstehen.

– Die Geschichte spielt natürlich in Texas oder Arizona, begann der Kellner: Wo genau, ist eigentlich unerheblich. Wichtig ist nur die Szenerie: ein Westernstädtchen. Comanchen gibt es keine mehr, aber deswegen ist nicht weniger los. Die Sonne scheint ziemlich hitzig. Der Sand passt sich dementsprechend an. Zur Freude einiger verwelkter Kakteen. In der Stadt gibt es viel Rindfleisch, auch Mord und Totschlag mit rauchenden Colts und noch mehr Ratten, die sich genau wie die Menschen vom Rindfleisch ernähren. Es ist zwar Sonntag, aber der Pfarrer läutet die Glocken nicht, weil er seine Memoiren schreibt. Auf der staubigen Straße findet sich kaum jemand. Die einen sind tot, die anderen im Saloon. Jetzt erscheinen zwei Männer. Die Ratten verstecken sich in ihren Löchern. Sie wissen schon, was kommt. Die beiden Männer gehen frontal aufeinander zu und bewegen offensiv ihre Hüften. Die Handflächen baumeln ruhig, aber entschlossen an den Seiten, und die Revolverknäufe blitzen silbern. Plötzlich ziehen beide. Der Staub wirbelt in ihre ausgedörrten Nasen und Hüte. Es knallt – Qualm und Rauch – der beißt in den Augen, legt sich aber bald wieder. Die beiden Schützen liegen am Boden und bluten symmetrisch aus dem Bauch. Die Ratten kommen hervor und beschnüffeln interessiert den Farbkontrast von rotem Blut und gelbem Sand. Der eine zuckt noch, dann ist wieder Frieden.

Das sei seine Geschichte gewesen, schloss der Kellner.

Der Revolverheld schaute leicht verlegen auf den Tisch. Die anderen Gäste, auch ich, schauten erwartungsvoll, was nun kommen werde. Da sagte der Revolverheld: Na, wenn das so ist. – Und er schob dem Kellner seinen Revolver über den Tisch, stand auf, tippte an den schwarzen Cowboyhut, drehte sich um und verließ das Lokal.

Die Gäste schauten sich verwundert an. Ich war vielleicht nicht ganz so erstaunt, aber bevor ich noch etwas sagen konnte, stand auch der Kellner auf, lächelte, nahm den Revolver, brachte ihn hinter die Theke, öffnete eine Schublade, in der Gabeln und Messer liegen sollten, was aber wohl nicht der Fall war, legte den Revolver in die Schublade, schob sie wieder zu und schloss sie ab und steckte den Schlüssel in seine Kellnerjacke.

– So bin auch an mein Gewehr gekommen, sagte der Kellner: Und an viele andere Dinge. Haben die Herrschaften noch einen Wunsch?

Ich hatte keinen Wunsch mehr. Ich bezahlte. Mein Zug fuhr in zehn Minuten.

Der Zeitungsausträger

Ich ging einmal spazieren und traf beim Spazieren einen Zeitungsausträger, mit dem ich mich lange unterhielt. Dieser Zeitungsausträger war ein besonderer Mensch, und das lag allein an seinem Namen und an seiner Adresse, anfänglich zumindest. Der Zeitungsausträger hieß nämlich Herr Bär. Das wäre nichts Besonderes gewesen, wenn er nicht in dem Städtchen Bärwald gewohnt hätte, und zwar in der Bärengasse. Und das ist noch nicht alles. Er hatte sein Zimmer – mehr brauchte er nicht – im Dachgeschoss des Gasthofs Zum Bären gemietet. Herr Bär aus Bärwald, wohnhaft in der Bärengasse 1 im Gasthof Zum Bären – wenn das nicht lächerlich ist. Und so empfand es Herr Bär auch, und deshalb unterhielt er sich mit mir.

Eigentlich war Herr Bär ein glücklicher Zeitungsausträger. – Ja, ich bringe den Leuten gerne ihre Zeitung, sagte er mir: Und ich mag meine Zeitungstasche. Im Frühling erscheint sie mir leicht wie ein Luftballon, im Winter wärmt sie mich an der Seite und bei Regen kann ich sie mir über den Kopf halten, ja und bei Schnee, wenn mal Schnee fällt, dann sehen die Flöckchen auf dem Plastik der Tasche besonders schön aus.

Aber manchmal war er traurig, und so sagte er es auch: Manchmal bin ich traurig, denn das Zeitungsaustragen ist meist eine einsame Angelegenheit. Dann denke ich: Alle Bären, die ich habe, sind nur Namen, nur Worte. Mein Name, der Name des Gasthofes, über dem ich wohne, die Namen der Straße und der kleinen Stadt …, das sind alles keine echten Bären, sondern eben nur Namen. Ich aber möchte gerne einmal einen echten Bären kennenlernen, der von Herzen brummt und seinen Pelz schüttelt. Im Gasthof Zum Bären steht sogar ein großer Schwarzbär, aber der ist ausgestopft. Er lebt also nicht mehr. Er hat eine dicke Naht auf dem Rücken und schon keine Haare mehr auf dem Bauch und böse funkelnde Augen aus Glas, die bestimmt nicht so aussehen, wie seine richtigen Augen ausgesehen haben.

Und dann erzählte er auch noch, dass er erst gestern vor diesem Bären gestanden habe und zu dem Bären sprach: So einen wie dich, etwas kleiner und mit lieben braunen Augen möchte ich gerne einmal treffen und mit mir nach Hause nehmen. – Genau das habe er gesagt und der Wirt, der gerade die Gläser spülte, habe das gehört. Und der Zeitungsausträger erzählte, der Wirt habe gelacht und über die Theke gerufen: Aber Herr Bär, der Bär ist doch ausgestopft. Die echten Bären sind bei uns schon lange ausgestorben. Und wenn mal einer vorbeikommt, dann wird er sofort erschossen, das kann ich Ihnen flüstern! Und außerdem – da wedelte der Wirt bedrohlich mit dem Geschirrtuch – sind Bären als Haustiere in meinem Haus verboten!

Der Zeitungsausträger erklärte mir, dass dem Wirt auch das Zimmer, in dem er wohne, gehöre. Er müsse ihm jeden Monat Miete bezahlen und auch jeden Tag durch das Restaurant im Erdgeschoss gehen, da die Treppe zu seinem Zimmer ganz hinten liege, hinter der Tür mit dem goldenen Schild PRIVAT.

Besonders ärgerte den Zeitungsausträger, dass der Wirt gesagt habe: Bären gibt es nur noch im Zoo, und das ist gut so, denn Bären machen viel Ärger. Ich weiß das. Mein Großvater war Bärenjäger. Den schwarzen Bären da, den hat er als junger Mann gejagt. Es war wohl der letzte Bär.

Das erzählte mir der Zeitungsausträger und ich spürte, dass er verzweifelt war, besonders als er dann noch sagte, er habe lange auf dem Bett gelegen und die Decke angestarrt und keine Lösung für sein Leben gefunden.

Es war aber ein Glück, dass er mich getroffen hatte, denn ich war sicher, dass ich ihm helfen konnte. Es stimme ja gar nicht, konnte ich ihm sagen, dass es Bären nur noch im Zoo gebe. Auf der anderen Seite des Ozeans, in dem großen Gebirge, das auf

Englisch Rocky Mountains heiße, da gebe es die Bären sozusagen auf offener Straße.

Und der Zeitungsausträger wurde ganz aufmerksam. Ja, davon habe er tatsächlich schon einmal gehört.

Einige Wochen später half ich Herrn Bär bei den Formalitäten der Ausreise. Er ist nach Kanada gezogen und wurde auch dort wieder Zeitungsausträger. Das ist jedoch nicht das Wichtigste. Ich hörte nämlich, dass er für seine Bärenfotografien sehr berühmt geworden sein soll. Und das freut mich, denn es ist immer ein gutes Gefühl, einem Menschen auf den rechten Weg geholfen zu haben, vor allem dann, wenn schon sein Name dafür spricht.

Die Superhelden

In einem Garten im Sonnenschein, es war Juni, nehme ich an, saß ein Käfer, kaum größer als der Nagel des kleinen Fingers eines kleinen Mädchens. Der Käfer hatte rote Flügel mit weißen Punkten darauf und wäre gern ein Superheld gewesen. Doch der Käfer wusste nicht, was ein Superheld zu tun hatte und wie man es werden könne. Also streckte er seine roten Flügel mit den weißen Punkten aus und flog los, einen zu finden, der ihm sagen könnte, was Superhelden tun und wie ein Käfer einer wird. Zuerst flog der Käfer über die Gartenwiese und landete im Gras, gerade in dem Moment, als ein Regenwurm sich durch das Erdreich an die frische Luft arbeitete.

– Guten Tag, Regenwurm, sagte der Käfer: Weißt du, wie ich ein Superheld werden kann?

– Ein Superheld? antwortete der Regenwurm: Nichts leichter als das! Und der Regenwurm zog sich aus der Erde vollständig ins Gras und sprach: Du musst dich nur langstrecken können. Einmal vorne, einmal hinten und einmal in der Mitte.

Und der Regenwurm zog erst sein vorderes Ende in die Länge, dann das hintere und dann dehnte und zerrte er sich noch einmal in der Mitte ganz auseinander, so dass er am Ende dreimal so lang war wie zuvor.

Der Käfer versuchte, es ihm nachzumachen. Er spreizte die Flügel und streckte seine Beine lang. Aber der Regenwurm hatte dafür nur ein müdes Lächeln übrig. Auch der Käfer sah, dass er sich mit einem Regenwurm nicht vergleichen konnte. – Nein, sagte er sich: So ein Superheld kann ich nicht sein. Und er erhob sich in die Lüfte und flog davon und suchte einen neuen Ratgeber.

Er brauchte nicht lange zu suchen, da sah er eine Spinne, die am Rande ihres Netzes döste. Nun wusste der Käfer wohl, dass man Spinnen und ihren Netzen nicht zu nahe kommen sollte. So naiv war er nicht. Aber er suchte ja Rat, und so landete er vorsichtig neben der Spinne, in sicherem Abstand zu ihr selbst und ihrem Netz.

– Hallo Spinne, sagte der Käfer zu der Spinne: Ich möchte gerne wissen, wie ich ein Superheld werden kann.

– Ein Superheld? murmelte die Spinne. Sie sah den Käfer leicht grimmig, leicht belustigt an, denn sie dachte wohl bei sich: – Dass du Kerlchen dich zu mir wagst, das macht dich schon zum Superhelden. Aber laut sagte sie: – Ein Superheld wird man ganz leicht. Du musst nur mit deinen Beinchen einen Militärmarsch trommeln. So: Tarimm, taramm ... Und die Spinne trommelte tatsächlich einen Marsch. Menschen hätten ihnen nicht hören können, aber für Käferohren klang es ziemlich laut. – Und außerdem musst du, während du trommelst, ein dichtes Netz stricken, in dem sich deine Feinde verfangen! fuhr die Spinne fort und tatsächlich: Sie trommelte und dabei flogen die Spinnfäden aus ihr heraus und verflochten sich und es entstand ein neuer Ring ihres Netzes. Der Käfer flog erschrocken zur Seite. Gerade noch rechtzeitig! Die Spinne schaute wieder grimmig und stellte ihre Demonstration ein. – So musst du es machen, brummte sie: Dann wirst du ein Superheld.

Der Käfer versuchte es. Er versuchte, mit seinen Beinchen zu trommeln und gleichzeitig mit ein paar Blütenfäden, die an ihm hingen – denn auf der Wiese beim Regenwurm hatten auch viele Gänseblümchen gestanden –, zu spinnen, aber es kam kaum ein Ton hervor und ein Netz entstand allemal nicht. Fast wäre der Käfer von seinem Zweig, auf dem er saß, herabgefallen in das Netz der Spinne. Und darauf hatte die Spinne es wohl auch abgesehen. Aber er fiel nicht, zum Glück, sondern faltete die Flügel auseinander, hob sich wieder in die Luft und rief: – Danke, Spinne, für den Rat, aber so ein Superheld kann ich nicht werden.

Der Käfer kam an einen Bach und ruhte sich am Rande in der Kühle unter hohen Bäumen ein wenig aus. Über den Bach führte ein Steg. Da kam ein Mädchen des Weges, die trug ein rotes Kleid mit weißen Punkten, gerade so wie die Flügel des Käfers! Das freute ihn ungemein. Das Mädchen trat auf den Steg und wollte den Bach überqueren. Da aber sah der Käfer einen anderen Käfer, kleiner noch als er selbst war. Ein Käferkind beinahe mit grünen Flügeln und deshalb auf dem grün bemoosten Steg kaum zu sehen. Und der Käfer sah das Kind und er sah den kleinen Käfer, das Käferkind. Aber dieses Käferkind sah das Kind im roten Rock mit den weißen Punkten nicht, denn es putzte sich die Flügel und war ganz versunken in Gedanken. Und da sah der Käfer den großen Fuß und die große Sandale des Kindes in dem roten Rock mit den weißen Punkten und das Käferkind mit den grünen Flügeln darunter. Was konnte er tun? Rufen, warnen? Aber Käferstimmen sind zu leise, kaum zu hören. Da blieb nur eins. Der Käfer mit den roten Flügeln schwang sich in die Luft, sauste auf den kleinen Käfer mit den grünen Flügeln zu, ergriff ihn mit allen sechs Beinen an den Fühlern und riss ihn in letzter Sekunde unter der Sandale fort. Gerettet.

Der Flug des Käfers hatte dem Mädchen mit dem roten Rock mit den weißen Punkten am Bein gekitzelt. Ganz leicht nur, aber es genügte, dass sie sich leicht erschreckte, herabbeugen wollte, was denn da sei an ihren Beinen, und dabei verlor sie den Halt! Es war ja nur ein sehr schmaler Steg. Sie schwankte und schlitterte, bereitete die Arme aus, kam aus dem Gleichgewicht. Gleich würde sie in den Bach stürzen. Doch da! Es rauschte in den Wipfeln der Bäume. Die Zweige und Äste stoben auseinander. Der Himmel öffnete sich, und es raste herab eine Gestalt in einem roten, wehenden Umhang. Eine Hand nach vorne gestreckt, raste sie direkt auf das Mädchen zu, als es schon zu fallen drohte, ergriff es an einer Schulter, hob es hoch und setzte es ans sichere andere Ufer. Das Mädchen war einigermaßen verdattert.

Und so saßen sie nun neben einander, schauten auf den Fluss, erholten sich von dem Schrecken und überdachten, was geschehen war: der Käfer mit den grünen Flügeln und neben ihm das Mädchen mit dem roten Kleid und den weißen Punkten. Daneben saß ihr Retter. Ein junger, hübscher Mann, der einen blauen Anzug und einen roten Umhang trug. Und neben ihm saß der Käfer mit den roten Flügeln, die weiße Punkte hatten.

– Na, sagte der Flieger zu dem Käfer: Wir sind Superhelden, was!

Und von dem Tag an flogen der Retter am Bach, der Flieger mit dem roten Umhang, und der Käfer, der ja auch ein Retter am Bach war, gemeinsam von Ort zu Ort und suchten, wen sie retten könnten und retteten alle, die es selbst nicht konnten. So war es, damals, als ein Käfer sich fragte, wie er ein Superheld werden könne.

Die Schlangen und die Gerechtigkeit

Es musste der Tag kommen, an dem JöRG doch noch von einem Wal verschluckt wurde. Irgendjemand hatte den Wasserhahn nicht abgedreht. Das Wasser war übergelaufen, hatte die Wohnung unter Wasser gesetzt. Und der Wal, der als Goldfisch in einem runden Goldfischglas schwamm, war aus dem Goldfischglas herausgeschwemmt worden und in der freien See schnell gewachsen.

Als JöRG die Haustür öffnete, kam ihm ein Meer entgegen und rauschten Scheren und Teppichmesser und Garnrollen und Orangen in Tüten und das Krokodil und was so alles im Hause war, an ihm vorbei und das Meer umgab ihn, und er befand sich mitten in seinem alten Haus im Meer. Das konnte nicht gut für das alte Haus sein. Das war JöRG sofort klar, aber bevor er noch etwas unternehmen konnte, geriet er dem Wal ins Maul. Der Wal wollte ihn nicht verschlucken, aber so geschah es.

Als JöRG im Walbauch landete, musste er sich erst einmal umschauen. Er stellte die Einkaufstüten ab. Welch' ein Glück, dass er gerade vom Einkaufen kam. Da war er für die nächste Zeit versorgt. JöRG beschloss, sich nicht aufzuregen, sondern es sich gemütlich zu machen. Er war nicht der erste, dachte er, der in einen Wal geraten war und werde wohl auch nicht der letzte sein und auch nicht der letzte, der den Wal wieder unbeschadet verlassen könne, zumal dieser Wal ihm ja wohl gesonnen war. Das war nicht bei allen so gewesen, die früher in Walen saßen.

JöRG schaute sich um. Er hatte noch Streichhölzer in der Tasche und konnte damit die Höhle, in der er sich befand, zumindest kurzeitig beleuchten. Das Meeresrauschen, das draußen ohrenbetäubend war, war hier drinnen nur noch ganz sanft und wie von ferne zu hören, und das klang sehr beruhigend.

JöRG stellte zu seiner freudigen Überraschung fest, dass er nicht allein in den Wal geschwemmt worden war. Es hatte auch einen kleinen Tisch, einen Stuhl und eine Schreibtischlampe getroffen. Die lagen unordentlich herum, aber JöRG baute sie sorgfältig auf. Die Schreibtischlampe konnte er direkt an den Walbauch anschließen. Es ist ja bekannt, dass Meerestiere gute Stromleiter sind. Nicht gefährlich für den Menschen, der in einem Wal sitzt, aber ausreichend, um eine Schreibtischlampe zu betreiben. JöRG dachte, er habe nun alles, was er brauchte, denn Schreibutensilien und einen Schreibblock trug er immer bei sich. Der Wasserschaden war geringfügig.

JöRG setzte sich an den Schreibtisch und beschloss, die erzwungene Auszeit sinnvoll zu nutzen. Eigentlich war er ganz froh, denn nun konnte er tun, was er sich schon lange vorgenommen, aber in der Hektik des Alltags einfach nicht zustande gebracht hatte. Er wollte ein flammendes Pamphlet zum Schutz von Riesenschlangen verfassen. Nein, eigentlich nicht zum Schutz, geschützt wurden Riesenschlangen wohl schon, zumindest auf dem Papier. JöRG wollte den Riesenschlangen Gerechtigkeit als Haustier widerfahren lassen. Darum ging es, um die Gemeinschaft von Mensch und Schlange, von Mensch und Riesenschlange genau genommen.

Boa! – so betitelte er sein Pamphlet. – Boa! – mit Ausrufezeichen. Das schien ihm aufrüttelnd.

Vielleicht sollte ich noch etwas zum Hintergrund sagen. Es war nämlich so, dass sich JöRG als Kind eine Riesenschlange im Schlafzimmer gewünscht hatte und sicher auch eine bekommen hätte, wenn nicht die Nachbarn gewesen wären. Das erzählte mir JöRG später, in der Zeit als wir gemeinsam sein neues Haus bewohnten. Das war eine kurze Zeit, doch darum soll es hier nun nicht gehen. Die Nachbarn hatten viel gegen eine Riesenschlange einzuwenden. JöRG verstand sie zwar nicht, denn er hätte der Schlange tief in die winzigen, runden Äuglein geblickt, wenn sie sich auf der Bettdecke zusammenrollte. Aber die Nachbarn blieben verständnislos und drohten sogar mit dem Anwalt. Seit dieser Zeit wollte JöRG eine Verteidigungsschrift schreiben, und nun konnte es endlich dazu kommen.

– Boa! schrieb er: Das Wesen der Riesenschlange ist geschmeidig, und das ist es, was viele Menschen stört! Welche Ungerechtigkeit! Und welche Größe von der Riesenschlange, dass sie niemals darüber erzürnt, niemals auf Beleidigungen mit Beleidigungen antwortet, sondern immer ausgeglichen und geschmeidig bleibt. Es ist richtig, ihre Taubheit schützt sie vor den bösen Zungen, aber ist ihre Freundlichkeit darum weniger wert? Eine Riesenschlange passt in jeden Haushalt. Eine Riesensehlage ist ein Tier für den ganzen Raum, den sie gemächlich durchschlängelt, und ohne in ihm listig dominant zu werden wie etwa ein geschwätziger Wellensittich, schenkt sie den toten Wänden eines weißen Schlafzimmers ständige Veränderung, lebendige Metamorphose. Wenn die Riesenschlange gleichförmig über den Kleiderschrank fließt, in einem Bogen auf den Teppich Kreise zeichnet, um zugleich am Bettpfosten wieder emporzugleiten, während die Schwanzspitze noch neckisch Mutters Unterröcke antippt, die feucht zum Trocknen am Kleiderhaken hängen, erwacht selbst in dem, der nur wenig von Kunst und Eleganz versteht, ein tiefes Formbewusstsein. Vielleicht wird er das Fernsehen aufgeben, sich von der Computersucht befreien und Linie, Farbe, Punkt und Fläche entdecken, vielleicht gar ein großer Künstler werden. So eine Riesenschlange, das ist gewiss, bringt verborgene Talente ans Licht und rettet Menschenleben – zumindest im übertragenen Sinne! Denn die Riesenschlange regt die Kreativität an. Kreativität aber fördert die Ausgeglichenheit und macht bessere Mütter und Väter.

Das war der erste Absatz des Pamphlets. JöRG hatte sich nun schon gut in Stimmung geschrieben. Im zweiten Absatz wandte er sich direkt an seine Leser:

– Ihr Nachbarn! schrieb JöRG, wieder mit Ausrufezeichen: Ihr, die ihr es nicht wahrhaben wollt! In unseren hektischen Zeiten kann uns die Riesenschlange viel geben, denn nicht nur, dass sie gestalterisch mit ihrem Körper lebt, sie strömt auch Ruhe und Kraft aus. Wir wissen, dass eine Schlange blitzschnell zustoßen kann, wenn es sein muss, aber sie wird niemals unruhig werden oder unnütz eilen oder gar hasten. Keine Schlange stirbt an einem Herzinfarkt. Einzig die Zunge mag manchmal etwas zittrig züngeln. Aber darüber sollten gerade wir großzügig hinwegsehen. Zähne und Zunge haben sowieso nicht den Stellenwert im Leben einer Riesenschlange, und vielleicht ist sie deshalb vollkommen. Freunde, Nachbarn, Brüder und Schwestern, lasst uns die Vollkommenheit suchen! Lasst uns in Frieden miteinander leben und mit den Riesenschlangen. Denn die Riesenschlange, das ist die Vollkommenheit! Die Vollkommenheit hat einen Namen, und dieser Name ist Boa!

Mit diesem Ruf zur Vollkommenheit schloss JöRG sein Pamphlet. Seine Gedanken glitten zurück in die Vergangenheit, als er sich eine Boa, eine Riesenschlange wünschte, aber die Nachbarn dagegen waren. Kobra oder Natter – gut, da hätte JöRG auch damals ihre ablehnende Haltung akzeptieren können, aber eine Riesenboa oder Python – da stimmte ihn diese Haltung traurig. Denn er hatte sich das so schön vorgestellt. Er hatte schon gesehen vor seinem geistigen Auge und in seinen Träumen, wie sich die Schlange im Slalom zwischen den Rippen des Heizkörpers einherwand, jede Faser ihres massigen Körpers in elastischer Biegung. Am Tag könnte sie ihm mit dem Kopf auf dem Schreibtisch bei der Arbeit zuschauen, in der Nacht ihm vor dem Einschlafen zwischen den Beinen über den Bauch und kitzelnd am Hals vorbeischlängeln, über den Rücken streifen. An wichtigen Tagen würde sie sich um seinen Hals legen, er könnte sie stemmen und allerlei anderes Fitnesstraining treiben, im Winter aber diente ihm der hintere Teil zum Wärmekissen für die Füße, während der vordere zusammengerollt auf seinem Schoß läge, um gekrault zu werden. Und immer wäre sie in fließender Bewegung. Schauen nicht viele der Lebenden stundenlang aufs Meer und erfreuen sich an den anrollenden und zurückfließenden Wellen? Sie lassen sich friedlich stimmen vom Gleichmut der Flut, die sie gleichzeitig in der Mannigfaltigkeit immer neuer Formen begeistert. Ebenso blicken wir fasziniert in die züngelnden Flammen eines Lagerfeuers, und ebenso könnte es beim Anblick der häuslichen Riesenschlange sein. Es sind allein die Vorurteile, die gegen eine Riesenschlange sprechen.

JöRG beschloss noch einen dritten Teil zu schreiben.

– Gegen die Vorurteile! lautete die Überschrift, die JöRG wieder mit einem Ausrufezeichen versah. – Was macht die Riesenschlange so verhasst? fragte er seine Leser. Diese Kraft vom Kopf bis zur Schwanzspitze? Ist es der Neid auf ihre Bewegungen? Denn an den Bewegungen können wir ablesen, dass und wie die Schlange Gerechtigkeit verkörpert. Aber nicht alle Menschen lieben die Gerechtigkeit! Ist das das Problem? Der Leib der Riesenschlange kennt keine wichtigen und weniger wichtigen Glieder. In der Riesenschlange ist alles gleich! Oder meint ihr, eine Riesenschlange sei glitschig? Dieses Vorurteil ist schon lange widerlegt! Die Haut einer Schlange ist trockener als die einer Frau. Ihr, die ihr Fische im Aquarium haltet, ihr ernährt viel eher glitschige Tiere – oder ihr lasst euch gar von der Zunge eines Hundes belecken, nur weil er mit dem Schwanz wedelt! Oder ist euch die Riesenschlange zu schön, und ihr könnt diese Schönheit nicht ertragen? Es ist wohl wahr, wenn das Band ihrer bunten Zeichnung im Urwald vom Baum in den Fluss gleitet, schillern die Farben unter Wasser, und an Land auf den starken Ästen der Urwaldbäume liegen die Schlangen farbenprächtig ausgebreitet. Von solchen Farben träumen alle! Oder meint ihr, eine Riesenschlange sei zwar schön, aber kalt und unfähig persönliche Beziehungen zu entwickeln? Diese Tiere hätten weniger Gefühle als Pflanzen und seien deshalb gefährlich, denn sie erpressen und fressen jeden, unfähig zur Liebe. Doch das denkt ihr nur, weil die Riesenschlangen große Charaktere sind und nicht so leicht zu dressieren wie Kaninchen. Aber wollt ihr nur

Kaninchen um euch herum? Wollt ihr nicht gleichwertige Partner? Die Riesenschlange ist vollkommen! Und nur durch sie werden auch wir Vollkommenheit erlangen!

Das war der dritte Teil seines Pamphlets. Nun war JöRG erschöpft. Er wollte die Augen schließen und ein wenig ruhen, so gut das auf einem Schreibtischstuhl möglich ist. Doch da bemerkte er erst, was um ihn herum vorging. Der Tisch beschwerte sich über den Stuhl und der Stuhl über den Tisch und die Lampe ärgerte sich über beide und der Tisch meinte, dass die Lampe nicht so wichtig mit ihrem Licht herumscheinen solle, und die Lampe schimpfte, wie JöRG sonst wohl schreiben solle, und der Tisch schnaubte, dass sei ohne Tisch ja wohl auch nicht möglich, und der Stuhl meckerte, wie einer wohl schreiben wolle, wenn er ständig gekrümmt an einem kleinen Tisch stände – da würde ihm, dem Stuhl auch kein klarer Gedanke kommen … und so weiter und so weiter.

JöRG war einigermaßen genervt von diesem Auftritt seines Mobiliars. Und den Wal kratzten diese Dinge im Hals. Da musste er husten. Und wenn ein Wal hustet, dann ist richtig was los. Der Tisch, die Lampe, der Stuhl und natürlich auch JöRG und sein Pamphlet und seine Einkaufstüten – alles wirbelte durch den Walbauch und aus dem Walbauch ins Walmaul und von dort hinaus auf die Straße. Da lagen sie nun und schauten aufs Haus.

Das Wasser war weitgehend abgelaufen. Der Wal floppte wieder in sich zusammen und plumpste ins Goldfischglas. JöRG schleppte Tisch und Stuhl und Lampe und alle seine Sachen ins Haus. Das sah ziemlich mitgenommen aus. Vor allem waren der Boden trocken zu wischen und die ganze Wäsche zum Trocknen aufzuhängen.

– Also gut, sagte sich JöRG: Dann also erstmal Wischlappen und Eimer und frisch ans Werk. Über alles andere können wir später reden. Und ob ich das Pamphlet an alle Haushalte verteile, mal seh'n. Es gibt ja immer wieder was anderes zu tun. Und das ist auch nicht schlecht.

Das Feuer

Es gibt schlimmeres als Chefredakteure, Leute, die zum Schreiben zwingen. Aber wer ist derjenige, der nun schreiben soll? Ich will davon erzählen, will erzählen von einem, der in einer Höhle wohnte und einmal davon schreiben sollte.

Es lebte also einer, er war dick und hatte irgendetwas Unrechtes getan in einer weit zurückliegenden Vergangenheit, in einer Höhle. Draußen aber entzündete sich eines Tages eine Feuersbrunst. Der, der in der Höhle wohnte, schaute zum Ausgang hinaus. Der gotische Spitzbogen, der den Eingang der Höhle bildete, war schon ganz erfüllt von einem orangefarbenen Vorhang. Auch im zweiten Eingang flackerten schon die Flammen. Und im dritten sah der, der in der Höhle wohnte, sie gerade emporzüngeln, dann schloss sich auch dort der transparente Feuervorhang. In der Falle. Kein Entrinnen. Doch da: Ein Motorradfahrer – schwarze Kutte, schwarze Maschine –, nennen wir ihn den Motozyklisten, kam durch diesen dritten Eingang, durch das Feuer, mit heulendem Motor. „Schnell, hier herauf!“ rief er, und jener, der in der Höhle wohnte, schwang sich hinten auf die Maschine, während sie schon auf der Stelle, den schottrigen Boden aufwirbelnd, herumflog. Zurück zum dritten Eingang. Geht das noch? Das Motorrad schoss durch das Feuer. Der Fahrer und der, der in der Höhle wohnte, pressten sich auf die Maschine. Ein heißer Schwall glitt an beiden vorbei. Gerettet! Das Feuer – schon im Hintergrund – war bald nur ein matter Schein, so schnell raste das Motorrad ins Freie, in die Gebirge, die die Höhle umgaben. Und die Gebirgslandschaft war dunkelblau, fast schwarz. Die Fahrt führte über schmale, abgründige Wege. Ein weiter Blick in schwarze Leere.

Auf einem regenmatschigen Platz mit glänzend schwarzen Pfützen, auf höchster Höhe, aber in einer Senke, traf sich eine Versammlung von Motozyklisten. Sie sahen die Versammlung von

Oben. Und auch sie wurden bemerkt. Wenn es freudig war, dann könnte man nun von Lagerfeuern und lustigen Geschichten schreiben, wenn es feindlich war, dann von einer spannenden Verfolgungsjagd.

Wenig später: In einem holzgetäfelten Raum standen viele Menschen. Sie alle waren von der Zeitung. In diesem Raum standen sie und tranken Kaffee. Ein langer Flur verband ihre Büros. Der Motozyklist wurde zum Chefredakteur gebeten. Ein Artikel war nicht fertig geworden. Ein wichtiger Artikel. Es gibt nur wichtige Artikel. Bei der Zeitung darf es keine Verspätung geben.

Als Entschuldigung hätte der Motozyklist die Fahrt durchs Gebirge vorbringen können. Doch das tat er nicht. Sollte er darüber schreiben? Das jedoch musste ein anderer tun als er. Niemand anderer, als der, der in der Höhle wohnte.

Und der, der in der Höhle wohnte, schrieb darüber, jedoch erst viele Jahre später.

Der Kapitän

Es gab Dinge, die gefielen dem Kapitän überhaupt nicht: enge schmutzige Gassen, verruchte Kneipen und verbotene Geschäfte. Und überhaupt jede Art von Schmutz. Das war es, was ihn in seinem ganzen Berufsleben störte: Wenn er einen Hafen anlaufen musste und da gab es schmutzige Gassen und Leute, die schmutzige Geschäfte machten. Da konnte der Kapitän sehr zornig werden. Sonst gefiel ihm sein Beruf sehr gut. Er war gerne Kapitän.

Ausgerechnet auf seiner letzten Fahrt hatte er noch so ein Erlebnis, das ihm gar nicht gefiel. Er fuhr in einen Hafen ein, in dem, obwohl das Hafenwasser doch immer besonders schmutzig ist, ein Schwimmer schwamm. Der Kapitän befehligte an diesem Tag nur einen kleinen weißen Ausflugsdampfer, aber der kam dem Schwimmer bedrohlich nahe. Und der Schwimmer wich dem Dampfer, dem Dampfer des Kapitäns, einfach nicht aus.

Der Dampfer legte an. Der Schwimmer schwamm vorbei, aber aus dem Wasser heraus schimpfte er zum Kapitän herauf. Und der Kapitän und sein Steuermann schimpften zurück: Sie hätten ja auch ausweichen können! Als Schwimmer sind sie schließlich schneller!

– So'n Quatsch, ruft der Schwimmer. Und der Streit geht noch weiter. Der Schwimmer tippt eindeutig an die Stirn. Der Kapitän bricht in Gebrüll aus. Er springt von seinem Dampfer auf die Hafenmauer und will sich von da ins Wasser und auf den Schwimmer stürzen, ihn zur Schnecke machen!

Der Schwimmer taucht unter, um unentdeckt zu bleiben, damit der Kapitän, der in seinem weißen Seemannsanzug, unter seiner Seemannskappe schwitzend, und aus ganzer Kehle brüllend am Hafenbecken entlang rennt, nicht weiß, wohin er springen soll.

Aber der Schwimmer muss doch einmal auftauchen und an Land gehen. Ja, das muss er. Er ist aber auch schlau, lässt sich mit dem Bauch nach oben im dunklen Wasser treiben und atmet mit gespitzten Lippen durch die Wasseroberfläche. Niemand bemerkt ihn.

So legt der Schwimmer eine lange Strecke durch den Hafen zurück. An einer einsamen Stelle steigt er ans Ufer. Er trifft dort mit einem Freund zusammen, der auch durch das Hafenbecken geschwommen war, aber an einer anderen Stelle ans Ufer stieg. Tropfnass tauchen sie im Gewirr der dunklen Gassen unter. Noch haben sie Angst, schlägt das Herz vor Aufregung, an der nächsten Ecke könnte ihnen der Kapitän begegnen.

Aber der Kapitän begegnete ihnen nicht. Er musste sich eingehstehen, dass er den Schwimmer aus den Augen verloren hatte, dass ihn das schmutzige Wasser und die schmutzigen Gassen besiegt hatten. Das war der Tag, an dem der Kapitän beschloss, nicht mehr Kapitän zu sein, sondern seine Pension zu genießen.

Wer will sich auch nach einem guten halben Jahrhundert Dienstjahren und Fahrten rund um den Erdball, zu jedem Hafen der Welt, mit schmutzigen Schwimmern in schmutzigen Gassen herumärgern!

Der Sultan

Es lebte einmal im fernen Orient ein Sultan. Der war mächtig und gütig zugleich. Unter seiner Regierung lebte das Volk nicht schlecht. Aber ihm fehlte die Orientierung, und er war dem Wahnsinn nah, weil er nicht wusste wie all' die vielen Dinge in der Welt zueinander in Beziehung stehen. Ja, er wusste nicht, wie er sich in der Welt, ach nur in seinem kleinen Orient, orientieren sollte. Welcher Weg der rechte sei.

Da ließ er drei Weise zu sich rufen. Einem jeden gab er eine Schale, gefüllt mit Silberringen, immer drei an der Zahl. Und er sprach: Ihr Weisen meines Landes, mir scheinen die Millionen Dinge und Geschehnisse in der Welt so recht ohne inneren Zusammenhang zu sein, gleich wie die Ringe in euren Schalen liegen. Könnt ihr mir zeigen, wie ein Ring mit dem anderen Gemeinsamkeit bilden kann, damit ich daran erkenne, wie auch die Dinge der Welt miteinander Verbindung haben, um in dieser großen Welt Orientierung zu erlangen. Wer mir die Lösung findet, dem sollen alle drei Schalen gehören.

Da sprach der erste Weise: O Sultan, was Du verlangst, scheint unmöglich zu beantworten, doch meine ich, dass alle Ringe in meiner Schale verbindet, dass sie nichts verbindet. Ein jedes Ding in der Welt ist vom andern getrennt, doch diese Trennung eines Jeden von jedem anderen, das ist ihre Gemeinsamkeit.

– Nein! rief der Sultan: Das nutzt mir nichts. Diese Lehre hilft, selbst wenn sie richtig wäre, mir doch im Leben nicht weiter. Habt ihr keine andere Lösung?

Da sprach der zweite: O Sultan, es gibt einen Weg, und der führt uns durchs Feuer. Nimm alle Ringe und schmelze sie im Ofen zu einem einzigen Ring, dann ist kein einziger Ring mehr von den anderen getrennt, sie sind alle eins.

– Nein, nochmals nein!! rief der Sultan: Das hieße nicht die Vielfalt einen, sondern sie zerstören! Habt ihr denn keine andere Lösung?

Da sprach der dritte: O Sultan, Du hast drei Dinge in einer Schale, doch um die Ringe zu verbinden, brauchst du ein weiteres Ding. Das ist ein dünner Faden, den Du um jeden der Silberringe knoten sollst. Lass sie frei und durcheinander in der Schale liegen. So bleiben sie viele und haben doch Verbindung und sind jederzeit geordnet, denn wie Ring auf Ring zu folgen hat, bestimmt die Reihenfolge ihrer Verknüpfung.

– O, sagte der Sultan: Das klingt weise, doch sage mir, was ist der Faden?

– Du selbst, antwortete der Weise.

– Ja! jubelte der Sultan: Das ist die Lösung, die ich suchte!

Es verwundert nicht, dass der Sultan sich so freute, denn Sultane sind immer beglückt, wenn sie hören, dass sie es sind, die alles zusammenhalten. Also belohnte der Sultan den dritten Weisen: Du bist der wahre weise Mann! sagte er: Dir gebühren alle drei Schalen!

– Das nun wiederum ist nicht möglich, widersprach der Weise. Du hast drei Ringe in drei Schalen. Die Ringe jeder Schale können wir verbinden, aber nicht die Schalen und nicht die Ringe einer Schale mit den Ringen der anderen Schalen. Dazu bedürfte es einer höheren Macht. Die Schalen also und die Ringe können nur dieser Macht oder niemandem gehören.

Und er verbeugte sich und verließ den Palast und ließ den Sultan mit seiner Weisheit allein.

Das Haus und schwerwiegende Entscheidungen

Es gab Tage, da wurde es JöRG zu eng, und er beschloss ein neues Haus zu kaufen. Es gibt immer Mittel und Wege. Also erledigte JöRG auch das. Später erzählte JöRG, er habe sein Haus vom Flohmarkt, aber wenn Spekulanten unter den Zuhören waren, dann lachten sie fett oder sie gähnten. Das kam einer Beleidigung gleich, zumal JöRG gehofft hatte, Aufsehen zu erregen.

Denn JöRG hatte sein Haus wirklich auf dem Flohmarkt gekauft, ganz so, wie er es sagte. JöRG wäre nicht JöRG gewesen, wenn es nicht wahr wäre, was er sagte. Das kann ich sicher bestätigen. Dafür lege ich meine Hand ins Feuer.

Die Sache war die: Als JöRG eines schönen Morgens am Flussufer des Flusses, der durch die Stadt fließt, in der er gerade wohnte, schlenderte, so ohne rechte Gedanken und Ziele, da wurde ihm bewusst, dass er, wenn er sich genau beobachtete, nie zufällig schlenderte, sondern immer bewusst vorwärts ging. Und nun wurde am Flussufer gerade ein Flohmarkt abgehalten.

Auch JöRG ist nicht immer frei von unguten Gedanken. So war es auch jetzt, da er gerade aus dem Schlendern ins Gehen verfiel. Er schlich jetzt mehr als er ging, und stellte fest, dass es ihn durchaus befriedigte, konzentriert über Flohmärkte zu schleichen, um ahnungslosen Händlern unerkannte Picassos oder hochdotierte Spielzeugautos abzujagen.

JöRG schätzte Spielzeugautos mehr als Picassos, weil sie richtigen Autos gleichen, und richtige Autos vor richtigen Häusern stehen. Ganz anders als richtige Picassos.

JöRG ging also über den Flohmarkt, spähte und jagte, hatte aber noch kein Opfer ausgemacht, da fiel ihm plötzlich ein ganz unscheinbarer Stand ins Auge.

Der Stand war nicht wirklich ein Stand zu nennen. Es stand ein älterer Herr ohne Tisch und ohne Ware im traurigen Schatten einer Platane. Der Mann trug eine schwarze Melone, mit bunten Bändchen verziert.

JöRG ging auf ihn zu. – Was verkaufen Sie? fragte er den Mann. – Nichts, antwortete der Angesprochene. – Das sehe ich, erwiderte JöRG, aber in welcher Form? Manche verkaufen Autos in der Form von Käfern, andere Enten in der Form von Autos. Es gibt Weltraumfähren in der Form von Gitarren und Gitarren meist in der Form von Saiteninstrumenten, was nichts Besonderes ist, dafür aber auch Swimmingpools in der Form von Gitarren. Und in welcher Form verkaufen Sie nichts? – Ach so, das meinen Sie! Der Händler, denn ein Händler war es, lächelte. Er war ein geborener Geschäftsmann, und die lächeln immer. Und weiter: Ich verkaufe Häuser. Das ist wohl die Form, die Sie meinen.

Kaum hatte der Händler im Schatten der Platane gesagt, dass er Häuser verkaufe, zog er einen platten Bungalow aus der Westentasche und ließ ihn vor sich auf den Boden gleiten. Der Bungalow vergrößerte sich schnell und bald schon standen JöRG und der Händler auf der Terrasse dieses flachen Hauses. Die anderen Verkäufer mit ihren kleinen Tischchen hatte das Haus im Nu verdrängt.

Der Händler mit der Melone verlangte 10 Goldstücke für den Bungalow. Das sei zwar eine ungewöhnliche Währung, aber sie erschiene ihm bei so schwerwiegenden Entscheidungen, wie der Verkauf eines Bungalows eine sei, die sichere Bank. Er lächelte wieder, leicht belustigt über seinen eigenen Wortwitz. JöRG bot 5. – Unmöglich! wehrte der Händler ab: Das ist eine wirtschaftliche Frage, verstehen Sie. Der Aufschwung. Ich kann nicht mitten im Aufschwung weniger verlangen!

JöRG hätte sicher noch 2 Goldstücke Rabatt herausgehandelt und dabei nur gedacht, dass der Nachteil des einen eben der Vorteil des anderen sei. So geht's zu in der Welt, und so sieht's aus im Leben.

Aber dann kam JöRG ein anderer Gedanke. Das Haus musste, ob nun Bungalow oder eine andere Art von Haus, irgendwo stehen. Ohne Land konnte er doch kein Haus kaufen. Da wäre ihm fast ein schwerwiegender Fehler unterlaufen.

Als sein Blick auf die Melone des Verkäufers fiel, kam ihm der richtige Gedanke. Natürlich war das eine simple Sache, nun an Melonen zu denken, aber JöRG hatte einmal einen Sommer lang Melonen verkauft und viel Geld damit gemacht. Die Melonen waren schön aufgeschichtet gewesen und hatten gut ausgesehen und nur wenig Platz eingenommen für so viel Geld, das er mit ihnen verdient hatte. Er musste ein Haus mit Land kaufen, so viel stand fest!

– Wissen Sie, sagte er zu dem Händler mit der Melone mit den bunten Bändchen: Das mit dem Bungalow lassen wir lieber sein. Das ist doch nicht das Rechte für mich. Außerdem baut der Bungalow das ganze Flussufer zu, und es gibt keinen Flohmarkt mehr. Schade drum. Das schöne Flussufer.

– Ganz wie Sie wollen, meinte der Händler, griff an eine der großen Schiebetüren, schob den Bungalow zusammen und ließ ihn wieder in seiner Westentasche verschwinden, derweil die Flohmarkthändler ihre etwas in Unordnung geratenen Stände in Ordnung brachten, sich am Ohr kratzten, die Haare glatt strichen und sich über die ungewohnte Unterbrechung wunderten, die sie nicht einordnen konnten.

– Ich suche etwas anderes, sagte JöRG: Es soll ein Haus sein, das auf seinem eigenen Land steht, und vielleicht etwas größer und höher, eine Art Turm vielleicht, nicht gleich ein Leuchtturm, na ja, Sie haben sicher das richtige. Sie verstehen. Aber es muss auf einem Land stehen, das zu dem Haus gehört und zu ihm passt.

– Wird wohl gehen, meinte der Händler und nahm nicht mal seine Melone ab: Das habe ich aber nicht in der Jackentasche. So ein Land würde die Tasche schmutzig machen. Und stellen Sie sich mal vor, Sie ziehen in Gegenwart einer Dame ein weißes Taschentuch aus der Tasche, in der Sie das Haus mit seinem Land stecken haben. Da wird das Taschentuch ganz voller Erde sein. Das wäre sehr unangenehm vor der Dame. So was möchte niemand haben! – Der Händler gluckste leicht verlegen. Dann sprach er weiter: Also ein Haus mit Land. Aber wie wollen Sie das mitnehmen?

Das sei kein Problem, meinte JöRG zuversichtlich, und er erinnerte sich an seine Zeit als Melonenverkäufer: Das Haus wickle ich einfach ins Land.

– Na denn! Der Händler machte eine große Geste und hielt vor sich auf der flachen Hand ein geschwungenes Haus auf einem großen Gartengrundstück. Wie eine Muschel sah es fast aus oder wie eine Schnecke. Balkone rund herum, um immer in der Sonne oder im Schatten sitzen zu können. Bezaubernd sah es aus. JöRG war durchaus zufrieden.

– Sieben, um mal eine Hausnummer zu nennen, triumphierte der Händler. Und diese Zahl gefiel JöRG. Und er drückte dem Händler sieben Goldstücke bar in die andere, die freie Hand. JöRG bewahrte seine Goldstücke immer in einem Lederbeutel auf, den er griffbereit am Gürtel trug.

Der Händler staunte über die Gewandtheit seines Käufers. Über ihm sang gerade eine Amsel ihr fröhliches Lied. Sonst waren die Kunden meistens ungeschickt und nervös, wenn sie bei ihm Häuser kauften. Aber JöRG – kannte der Händler überhaupt seinen Namen? – war ausgesprochen souverän. Und wie sehr staunte er, als nun JöRG mit einem Griff, mit einer eleganten Bewegung das Haus nahm und in sein Land einschlug. Diese mit einer Hand vollführte Einwickelbewegung hatte er sich in seiner Zeit als Melonenverkäufer antrainiert. Und es ist gar nicht so leicht, eine dicke runde Melone in ein Einwickelpapier zu schlagen in einer fließenden, eleganten Bewegung. Das ist wirklich schwer. Das könnt ihr mir glauben. Ich habe es selbst ausprobiert. JöRG aber konnte das! Und er klemmte das Haus gut in seinem Land verpackt unter den Arm wie andere ihren Kopf.

– Alle Achtung, sagte der Händler: Ist ja unglaublich! Alles Gute und viel Freude im neuen Haus. Das wird schon noch groß und kräftig werden, wenn Sie es sachgemäß aufbauen und gut pflegen.

Der Händler sollte Recht behalten. Er hatte JöRG nicht betrogen. Der nämlich ging noch am selbigen Tag durch die Stadt und entschied sich schließlich für einen Ort am Rande, der noch kein Platz war. Denn Platz sollte hier ja erst werden. Und so wickelte JöRG sein neues Haus aus und rollte das Land aus, und strich das Land um das Haus schön glatt, schloss die elektrischen Leitungen ans städtische Netz, das er ganz richtig in der Tiefe unter seinem Haus vermutete, und zog ein.

Ich will nicht behaupten, dass sein Einzug unbemerkt geblieben sei. Das wäre gelogen. Die Leute wunderten sich schon, dass da auf einmal ein Land war, wo vorher keines gewesen war, sondern nur eine Straße und eine Bushaltestelle. Aber niemand hatte etwas dagegen, denn niemandem war ja Land genommen worden. Wie das zuging, darüber konnten sich andere den Kopf zerbrechen. Und wer konnte schon etwas gegen ein so schönes Schneckenhaus oder auch Muschelhaus – die Leute waren sich uneins und diskutierten in der Kneipe darüber, zumindest die Männer – haben und gegen so einen hübschen Garten, in dem jeden Morgen eine Amsel sang.

So ist JöRG eingezogen. Er richtete auch einen Partykeller mit Holzvertäfelung ein und klebte einen Playboyhasen an dessen Tür, um zu zeigen, wie dicht er am Leben dran war. Das hat nicht alle Nachbarn überzeugt. Warum nicht, weiß ich nicht, denn ich habe ein Zeit lang bei ihm gewohnt, und ich weiß, von wem ich rede.

Der Burgherr

Blank poliert glänzte die Rüstung. Die eine Hand umschloss fest den Knauf eines starken Schwertes. Hart und unbeweglich blickte das Gesicht des Ritters aus der runden Helmöffnung. Um den stahlummantelten Hals hing eine beachtenswerte Kette mit einem Schild daran, das ungefähr auf der Brust auflag. Sonnenlicht fiel durch ein vergittertes Fenster in der breiten Burgmauer und beschien das kühle Gewölbe – des Ritters Gemächer. Ein Bärenfell hing links über dem Kamin und eine schwere Streitaxt daneben.

Der Ritter hatte sein Gesicht dahin gewandt, wo der alltägliche Strom an unbewaffneten Leuten vorbeizog. An der Spitze schritt immer ein Mensch, der die ganze Zeit auf sein Gefolge einredete. Es konnte ein Mann, aber auch eine Frau sein, manchmal. Aber was sie sagten, war immer das Gleiche. Die Leute betrachteten als erstes ihn, den Burgherrn, bevor sie ihre Augen zur Decke richteten und sich auf ein Zeichen des Anführers im Raum umschauten. Wie kleine Raubvögel kreisten ihre Blicke durch den Saal. Sie lasen das unübersehbare Schild auf der gepanzerten Brust des Burgherrn, BITTE NICHT BERÜHREN, und tippten dann verstohlen mit dem Fingernagel an die Rüstung. Der Ritter war darüber ungemein erbost. Seine aufgemalten Augen versuchten zu funkeln und sein Gesicht hätte vor Zorn gebebt, wenn es nicht aus Pappe gewesen wäre. Der ganze Burgherr war ja aus Pappe, und das war ihm schmerzlich bewusst. Er hätte so manches, wenn er gekonnt hätte, aber er konnte ja nicht. Das dachte er und war besonders erzürnt, wenn die Leute sein Pferd auf der anderen Seite des Rittersaales untersuchten, und das geschah leider gar nicht so selten.

– Ausgestopft! sagten die Leute und machten sich über die fälschlicherweise verkehrt herum angenähten Ohren lustig. Zu der Zeit, in der solche Leute wie diese Leute vor seinen 1 ,70m noch

Ehrfurcht und Schrecken hatten, hätte er für ihre Frechheit einem jeden von ihnen den Schädel gespalten. Doch nun, ach: Immer wenn er sein Schwert erheben wollte, fiel ihm ein, dass im Armteil seiner Rüstung nur ein dünner Drahtbügel steckte.

Eines Nachts jedoch, der Vollmond schien silbern durch das tiefliegende Fenster, und ein Sturm zerriss die brausenden Wolken am fahlen Himmel, und die Fledermäuse kreisten in wilder Jagd um den Burgfried, da versammelte der Burgherr all seine Kräfte und bewegte sich langsam auf sein edles, Stroh gefülltes Ross zu. Es gelang ihm, den Holzständer, an den sie ihn gekettet hatten, von sich zu stoßen, ja die Ketten selbst zu sprengen, den Arm emporzurecken und siegreich sein Schwert in das Silberlicht des vollen Mondes zu erheben. Aufgeregt spielte sein Pferd mit den umgedrehten Ohren. Es war ein Wunder zur mitternächtlichen Stunde.

Am nächsten Morgen fand der Pförtner den Burgherrn in seiner Rüstung umgestürzt am Boden liegen, verbeult und mit platt gedrückter Pappnase. – Ach herrjeh, sagte der Pförtner: da hat wohl einer das Fenster vergessen. Und er schloss das Fenster hinter dem Burgherrn. Den schleppte man in die Reparaturwerkstatt, wo er vorerst blieb.

Für die Besucher gab es noch nicht einmal einen Blutfleck, den sie bewundern konnten, und alle dachten, der Sturm habe das Fenster aufgeschlagen und den Ritter getroffen, und der alte Holzständer sei auch kaputt gewesen.

Tatsächlich aber war der Burgherr über eine Absperrleine gestolpert, über die Leine, die ihn vor den Zudringlichkeiten der Besucher hatte schützen sollen.

Was wieder einmal beweist: Absolute Sicherheit kann es nicht geben.

Die Geigerin

Alle Kinder standen am Strand, und alle Kinder hatten eine Geige bei sich. Es ist nicht einfach, Geigespielen zu lernen. Es ist auch nicht leichter bei einem schrulligen Lehrer im Frack, der inmitten von Kindern im Meer steht, im Wasser und mit hochgekrempelten Hosenbeinen. Geigespielen am Strand ist schön, nicht aber Geigespielen lernen.

Der Geigenlehrer hat ein donquichotisches Gesicht, aus dem es mehr pfeift als spricht. – Wir beginnen mit etwas ganz einfachem, näselt und zwitschert es über den schwarzen Spitzbart hinweg: Wir nehmen die Geigen auf unsere kleinen Schultern und streichen den Bogen darüber hinweg, derweil unsere Fingerchen die Saiten zupfen. War mag, kann dazu singen: Tralala!

Alle Kinder, die im Wasser am Strand vor dem dunkelschwarzen Meer unter dunkelblauem Himmel stehen und Geigespielen, singen: Tralala!

Es gibt auch Erwachsene, die dabei stehen, auch mit den Füßen im Wasser, und ihnen gelingt es nicht, den Bogen zu streichen, die Saiten zu zupfen und zu singen: Tralala! Die Finger verhaspeln sich in den Saiten und drohen sich gefährlich zu verklemmen.

Spät am Abend liegen die Kinder in ihren Betten in ihrem Kinderferienheim. Die Erwachsenen sitzen in weinroten Ledersesseln und schauen auf einen langen tiefen Glastisch voller Weingläser, Bierflaschen und Knabbereien. Eine Frau in einem schwarzen Hosenkostüm meint, man könne es ja mal mit einer Geigerin versuchen. Das käme ihr moderner vor. Ein Mann, der gerade weder ein Bier noch einen Wein trinkt, ist jedoch der Ansicht, am Lehrer läge es bestimmt nicht. Er selbst, das könne er ruhig sagen, sei nur unbegabt zum Geigenspiel und genau genommen sei es ihm zuwider.

Noch ein Erwachsener kommt in den Raum und steuert auf einen weinroten Ledersessel zu. Ein solcher Sessel ist noch frei. Dieser Mann ist sehr fröhlich, leicht untersetzt und er trägt eine blau umrandete modische Hornbrille. Er trägt sogar ein rosa T-Shirt und darüber einen Blaumann aus feinem, glänzendem Stoff. Er lässt sich nun endlich in den Ledersessel sinken und fragt frohgemut: Ist denn das Geigespielen unbedingt notwendig für den Beruf eines Strandwärters?

Die anderen Erwachsenen schauen sich betroffen an. Ja, es stimmte: Sie alle wollten Strandwärter oder Strandwärterin werden, während ihre Kinder Ferien machten. Und deswegen lernten sie zusammen mit den Kindern das Geigespielen am Strand.

Die Frau im schwarzen Hosenkostüm mochte solche Hinterfragungen nicht. Sie zog einen Block aus ihrer Tasche hervor, die ihr zu Füßen stand, zückte einen silbernen Kugelschreiber und schrieb etwas auf den Block – aber eigentlich nur, damit sich alle Augen auf sie richteten.

– Ich denke, wir nehmen die Geigerin, sagte sie bestimmt: Ich denke, wir versuchen es mit ihr.

Wer die Geigerin wohl sei, fragten sich die anderen in der Runde. Bestimmt eine dünne, bleiche Frau mit spillerigen Haaren. Zweifellos singt sie gut.

Nun, die Geigerin kam, und sie sang gut. Sie hatte auch langes Haar, das war aber voll und wallend. Und sie war auch nicht dünn und bleich. Genau genommen war sie eine Schönheit.

Die Kinder konnten sie gut leiden, aber die Kinder mochten durchaus auch den schrulligen Spitzbärtigen im Frack. Wenn nun beide kamen und aus der großen Gruppe zwei kleine Gruppen machten, die Geigespielenlernen übten, dann war den Kindern das auch recht.

Den Erwachsenen hat es eher nichts genutzt. Sie verheddern sich bis heute in den Saiten, und die meisten haben das Geigenspiel schon lange aufgegeben. Nur wenige sind Strandwärter oder Strandwärterin geworden.

Die Geigerin war froh, eine Stelle zu haben, und noch dazu am Meer. Der spitzbärtige Geiger im Frack war zunächst beleidigt und sorgte sich um seine Stelle, aber der fröhliche Mann im rosa T-Shirt und im Blaumann konnte ihn beruhigen, denn solange er hier seine Finger im Spiel habe – das war wortspielerisch gemeint – brauche sich ein Geiger am Strand keine Sorge um seine Zukunft zu machen. Die Frau im schwarzen Hosenkostüm erwies sich kompromissbereit. Sie erklärte sich mit einem Geiger und einer Geigerin einverstanden.

Für die Geigerin wurde es zum Sommer ihres Lebens und für den Geiger auch. Wenn zwei so viel verbindet, wie kann es da anders sein, als dass sie ein glückliches Paar werden. Und so ist es gekommen.

Ach übrigens: Ein Erwachsener, der ganz besonders ehrgeizig war, versuchte die verrückten Übungen mitzumachen, die sich die Geigerin für die Kinder ausgedacht hatte. Sie sollten zum Beispiel auf einem Bein hüpfend die Geige auf der Nasenspitze balancieren und dabei mit der linken Hand über das rechte Ohr hinweg den Bogen über die Saiten führen. Für Kinder kein Problem. Für den Erwachsenen schon. Bei dem Versuch verrenkte er sich die Schulter. Das ist aber auch der einzige Unfall, der im Geigenkurs bei der jungen Geigerin geschah.

Der Trapper

Vor noch gar nicht langer Zeit lebte ein Mann in einer Stadt. Das ist nicht sehr ungewöhnlich, doch von ihm will ich erzählen. Es war ein junger und ein schöner Mann, und er war voller Ideen und noch mehr Tatendrang. Das war der Grund, warum es ihm in der Stadt nicht mehr gefallen wollte. Es drängte ihn hinaus, hinaus in die Wildnis, in der er sich ganz allein anzusiedeln gedachte.

So zog der Mann, der voller Ideen war und voller Tatendrang, in den Wald: dorthin, wo es am Tiefsten war. Er hatte alles gut vorbereitet in der Stadt, alles geklärt daheim, und alles hatte seine Ordnung. Das sage ich nur, damit niemand denkt, etwas wäre nicht in Ordnung gewesen, der Wald zum Beispiel hätte ihm ja gar nicht gehört und was er da vorhatte, hätte er nicht tun dürfen und so weiter. Doch, doch: Es hatte alles seine Richtigkeit, und an dem Vorhaben war überhaupt nichts auszusetzen. Es hat sich auch niemand beschwert und den jungen Mann und seinen Tatendrang niemals jemand verklagt.

Der junge Mann suchte sich also mitten im Wald einen guten und besonders schönen Platz, zog die Axt aus dem Rucksack und fällte um sich herum die größten Bäume. Aus ihnen baute er sich ein gemütliches Blockhaus. Das sollte sein zuhause sein.

Nun ist es aber nicht so, dass ein junger Mann im tiefen Wald untätig sein Leben verbringen kann. Er muss etwas tun, um für das Nötigste zu sorgen, um nicht zu verhungern und nicht zu erfrieren. Der junge Mann wusste das natürlich und nahm zum zweiten Mal die Axt, diesmal aus dem frisch gezimmerten Schrank. Dies tat er, nachdem er zuvor einen Elch geschossen und gut zu Mittag gegessen hatte. Er ging also mit der Axt wieder in den Wald und fällte noch einige Bäume, bis er genug davon hatte. Und er zerkleinerte die Bäume und schichtete sie in gleichgroßen Scheiten an den Wänden seines Blockhauses auf. Das sah jetzt nicht mehr so elegant aus, aber immer noch schön, und der junge Mann wusste, was er tat.

Der Winter wollte kommen. Der Mann aber hatte sein Brennholz. Es konnte nichts passieren, und es passierte auch nichts. Den Winter über hatte es der Mann gemütlich. Ich denke, wir können ihn jetzt schon einen Trapper oder einen Einsiedler nennen. Sagen wir *Trapper*, das passt besser in diese Zeit. Also, in einem Jahr hatte es der junge Mann, der voller Tatandrang und immer noch sehr schön war, zu einem Trapper gebracht, und so soll er fortan genannt werden.

Wie im ersten Winter, so lebte der Trapper auch im zweiten und im dritten. Im Sommer jagte und fischte er und hielt die Wohnung sauber. Im Winter heizte er seinen Kamin mit dem Holz, das er zuvor selbst mit der Axt geschlagen hatte.

Nach einigen Jahren jedoch fiel dem Trapper etwas auf. Sein Haus stand schon längst nicht mehr im Wald. Eher mochte man es eine große Heide nennen, die das Haus umgab. Der Wald war weit davon gezogen, und der Trapper machte sich ernsthaft Sorgen, womit er in Zukunft heizen sollte. Auch Elche kamen nicht mehr oft vorbei. Nun, es gab noch Fische und Kaninchen. Da musste er halt etwas mehr jagen, und das Jagen machte ihm Freude. Das war nicht so schlimm. Nur die Geschichte mit dem Brennholz, die verlangte nach einer grundsätzlichen Lösung.

Dem Trapper, der inzwischen ein wettergegerbtes Gesicht hatte, kräftige Hände und energische, in die Welt blickende Augen, kam des Nachts, als es schon kalt wurde und er nicht schlafen konnte, die rettende Idee. Auch sein Haus, das Dach, die Wände, waren ja aus Holz und nur der Kamin, der nach Holz schrie und jammerte, dass es nicht an den Ohren auszuhalten war, war aus dicken Steinen gebaut, die nicht brennen konnten.

Es tat dem Trapper zwar leid, denn nach so langer Zeit hatte er sein Haus sehr lieb gewonnen, aber eines schönen Wintertages, riss er es einfach ein. Zuerst die Tür, dann das Dach, dann die Wände. Er zerkleinerte das Holz und stapelte es um sich herum auf, um es des Abends in den Kamin zu schieben, damit er es schön warm habe.

Ihr denkt: Das war aber ein dummer Trapper. Nun ja, das war er wohl auch. Vielleicht lag es an der Einsamkeit, denn Einsamkeit, so heißt es, soll ja mit Menschen, auch mit Trappern, etwas machen. Doch alles hat seine verschiedenen Seiten. Sicherlich war der Trapper schon viel weiter, als es ein einfacher Beobachter ohne tiefere Kenntnisse beurteilen konnte.

In der Nacht, das lässt sich natürlich nicht verschweigen, wurde es dem Trapper nicht so warm, wie er erhofft hatte, und es dämmerte ihm, dass er einem Irrtum erlegen und ihm einen Fehler unterlaufen sei. Ganz sicher hatte er einen Fehler gemacht! Daran zweifelte er nach einiger Überlegung nicht. Er hatte einen Kamin, aber kein Haus mehr und auch kein Holz. Und der Winter war immer noch da, und der Trapper fror bitterlich. So hielt er es einige Tage aus.

Viele denken, und das kann ihnen niemand übelnehmen, es liegt ja auch nahe, dass der Trapper erfroren sei, ohne jemals ganz zu verstehen, was er falsch gemacht hatte und wie er sich wieder retten könnte. Aber das ist nicht so. Der Trapper ist nicht erfroren. Der Trapper sah wild und schon etwas knorrig aus, aber er war bei klarem Verstand, vielleicht verständiger noch als jemals zuvor.

Was hat der Trapper gemacht? Ganz einfach. Er nahm sein Bündel und zog an einen anderen Ort. Dort lebt er heute noch, auch wenn niemand so genau sagen kann, wo. Ich bin sicher, er ist Einsiedler geworden. Und wenn ihn jemand trifft, Du oder ich oder auch ganz jemand anderes, dann sollte er nicht mehr Trapper, sondern *Einsiedler* genannt werden. Denn das steht ihm zu. Das hat er erreicht.

Der Werwolf und das Gericht

JöRG hatte, das wissen heute wenige, viele Semester Jura studiert, doch nichts langweilte ihn mehr als Kriminalfälle, Gerichte oder gar Gesetze. Das war keine gute Basis. Bald schon wollte er nichts mehr davon wissen. Und doch verschlug es ihn einmal, da hatte er sich von seinen Studien schon längst verabschiedet, in den Gerichtssaal, zwar nur als Zuschauer, aber das sollte nicht ohne Folgen bleiben.

Es kam der Fall von Karin C. zur Verhandlung, die in der Nacht von einem zwanzigsten auf einen einundzwanzigsten Oktober ihren Liebhaber mit einer langen Haarnadel, einer, die zu dieser Zeit schon gar nicht mehr in Mode war, erstochen hatte, nachdem sie ihn zuvor mit einer Lederpeitsche sichtbar malträtiert und mit schweren Ketten an ein Brett gefesselt hatte. Als man sie bei dem Toten fand – gut möglich, dass sie sogar selbst die Polizei gerufen hatte –, gestand sei ohne weiteres, die Tat begangen zu haben, bestand aber darauf – und manche Leute behaupteten später, ein irrsinniges Flackern in ihren Augen gesehen zu haben –, dass der Ermordete oder, wie sie es sagte, Getötete, bei seiner Tötung *nicht* anwesend gewesen sei. Es versteht sich, dass diese Aussage einem Gericht in unserer Zeit schwer verständlich war und der Angeklagten nicht recht geglaubt wurde.

Als JöRG leicht verspätet den Gerichtssaal betrat, wurde gerade die Zeugin Berta B. aufgerufen und JöRG musste mit ansehen, wie vor den sensationslüsternen Stiernackengesichtern, die das Publikum deutlich dominierten, eine etwas unansehnlich schwabbelige Matrone im blaugeblümten Stoffkleid den Zeugenstand betrat. Dass sie eigentlich ein ganz nettes Gesicht hatte, dachte JöRG dann wohl auch, aber es fiel ihm doch schwer, seine Gefühle insgesamt in eine freundlichere Richtung zu lenken, zumal wenn er die aufrecht elegante Erscheinung der Angeklagten mit der Zeugin verglich.

Wie nicht anders zu erwarten, belastete die Zeugin Berta B. die Angeklagte Karin C. tatsächlich schwer, wobei sie sich bei ihren Ausführungen wiederholt mit ihren kleinen wurstigen Fingern durch ihre Dauerwelle fuhr. Es sei nicht das erste Mal gewesen, dass die Angeklagte, die, wie das Gericht wisse, ihre unmittelbare Nachbarin sei – sie wohnten gewissermaßen Tür an Tür –, einen Mann, und in der letzten Zeit vornehmlich diesen, zu nächtlicher Stunde empfangen habe, um die Stunden bis zum Morgengrauen mit bestimmten Aufführungen zu verbringen – sie sagte tatsächlich *Aufführungen* –, die, und sie sei durchaus tolerant, nur als *schmutzig* bezeichnet werden könnten. Die Herren hätten seltsame Kleidung getragen, über die sie hier nichts sagen wolle und Dinge bei sich gehabt, die eher nicht für den Alltag eines anständigen Menschen bestimmt seien, darunter Peitschen, Handschellen und verschiedenen Lederriemen. Auch Frau Karin C. habe in ihrer Wohnung solchen Utensilien bewahrt, dazu Ketten an den Wänden und von der Decke herab und verschiedene Sachen, die sie, die Zeugin, noch nie gesehen habe und von denen sie nicht wisse, wozu man sie gebrauchen könne. Sie wisse das, weil Sie sich gelegentlich Kaffee und auch einmal Tomaten bei ihrer Nachbarin ausgeliehen habe. Denn ja, das müsse sie wohl sagen, Frau Karin C. sei durchaus freundlich und hilfsbereit. So gesehen könne sie sich über ihre Nachbarin nicht beklagen. Nur die Nächte, in denen die Herren und vor allem dieser eine, nun nicht mehr lebende Herr, den man wohl als ihren Geliebten bezeichnen dürfe, bei ihr waren, die seien schwer erträglich gewesen und hätten leider mit dem Geliebten, der nun nicht mehr lebe, deutlich zugenommen. Sie hatte sich, das gestand die Zeugin Berta B., schon lange vorgenommen, *einmal etwas zu sagen*. Nun, das sei ja jetzt nicht mehr notwendig, aber vielleicht, wenn sie eher, dann würde der Mann vielleicht noch leben …

Da unterbrach sie der Richter und sagte: Daran ließe sich nun nicht mehr ändern, sie möge bitte fortfahren. Karin C. schüttelte kaum merklich den Kopf. Aber das sah nur JöRG.

Frau Berta B. sprach weiter. Es sei kaum erträglich gewesen des Nachts. Sie sagte es schon. Nicht, dass die ganze Nacht ein rot flackerndes Licht gebrannt habe. Das habe man ja nur von der Straße aus sehen können. Nein, schlimm seien diese Geräusche gewesen, die sie in der Nachbarwohnung, Wand an Wand leider nur allzu gut hören musste. Also diese klatschenden Geräusche, von den Peitschen wohl, dann das Klirren der Ketten, die Schreie und die Beschimpfungen, die man gar nicht wiederholen dürfe. Also, das habe ihr, das Gericht könne es glauben, den Schlaf geraubt. Ja, und in der besagten Nacht, da sei es besonders schlimm gewesen. Da habe es geklungen, als seien sie regelrecht übereinander hergefallen. Da habe sie was von Schwertern gehört und ein Röhren wie von schrecklichen Untieren, so wie in einem modernen Ritterfilm. Und dann sei es plötzlich ganz still gewesen. Sie habe zitternd auf dem Bett gesessen. Und dann sei auch schon bald die Polizei gekommen. Also. Das könne ja wohl gar nicht anders sein, als dass die Angeklagte die Tat begangen habe.

Nach dieser Aussage, die JöRG mit großer Aufmerksamkeit verfolgte, wurde wieder die Angeklagte Karin C. vernommen. Sie gestand aufrichtig, alles, was die Zeugin Berta B. berichtet hätte, entspräche der vollen Wahrheit und sie entschuldige sich hiermit von ganzem Herzen über die Belästigung, die ihre Nachbarin durch sie erfahren habe. Sie habe nicht gewusst oder auch nicht wissen wollen, wie hellhörig das Haus sei und wie sehr gerade die Nachbarwohnung davon in Mitleidenschaft gezogen werde. Frau Berta B. selbst sei eine sehr ruhige Person, die nicht einmal einen Fernseher habe, auch nicht Radio höre, so viel sie wisse. Und da sei es ihr einfach nicht aufgefallen, welche Geräusche von einer in die andere Wohnung drängen. Frau Berta B. lebe gewissermaßen geräuschlos. Sie selbst, nun ja, könne das von sich eher nicht behaupten. Karin C. lächelte verlegen und strich einige braune Haare hinter das linke Ohr. Allerdings habe sie mit ihrem Freund schon darüber beraten, die Wohnung zu wechseln. So ganz passend seien ihre gemeinsamen Vorlieben, die sie auch mal an andere Gäste auslieh ... da schluckte sie und fügte hinzu: Es sei aber nicht so, wie man vielleicht meinen könne. Sie betreibe durchaus kein Gewerbe, sondern gehe eher einem speziellen Hobby nach ... So ganz passend also, seien ihr diese Vorlieben für ein gewöhnliches Mietshaus mit vielen Mietparteien tatsächlich nicht vorgekommen. „Aber finden Sie mal so schnell eine Wohnung!" rief Karin C. und hob beschwörend den Zeigefinger der rechten Hand.

In diesem Moment unterbrach der Richter auch sie, wie er zuvor die Zeugin unterbrochen hatte. Das gehöre wohl nicht hierher!

JöRG überlegte, ob der Richter damit Recht hatte, denn gesamtgesellschaftliche Faktoren spielten doch immer eine Rolle, obwohl ... JöRG ahnte schon, dass es hier um etwas anderes ging.

– Kurz und gut, so die Angeklagte weiter, die sich wieder gefasst hatte: Mein Freund und ich haben all das getan, was die Zeugin angedeutet hat und auch die Rollenverteilung, wenn Sie wissen, was ich meine, war immer klar geregelt. – Das sei auch schon mit den anderen Männern so gewesen, die sie aber in der letzten Zeit, eigentlich schon das ganze letzte Jahr über, nicht mehr habe kommen lassen. Dafür seien die Begegnungen mit ihrem Freund – und sie hätten, damit keine Missverständnisse aufkommen, sogar schon über eine Heirat nachgedacht –, immer intensiver geworden. Ihre Nachbarin habe das als Zeugin soeben bestätigt.

Der Richter unterbrach sie ein zweites Mal. Das wisse man nun alles. Sie Angeklagte möge endlich zu ihrer Behauptung kommen, der Ermordete sei bei seiner Ermordung nicht anwesend gewesen.

– Der Getötete, korrigierte ihn Karin C.: denn ich habe ihn vielleicht getötet, aber nicht ermordet, da er gar nicht da war, als ich ihn tötete, als ich zustach ... Da verstummte sie kurz, war nahe daran, in Tränen auszubrechen.

JöRG ärgerte sich über die Ungeduld des Richters. – Wie dem auch sei, meinte dieser, aber er wolle gerne wissen, wie das zugehen könne. Nicht anwesend bei der eigenen Tötung ....

– Es ging nicht anders, sagte Karin C.: Er hätte mich sonst gefressen und danach wäre er durch die Wand gebrochen und hätte meine Nachbarin umgebracht. Dann wäre er im Mondlicht verschwunden.

Im Saal die Zuschauer hielten den Atem an. Einer wollte laut loslachen. Der ganze Saal wollte brüllen vor Lachen. Dem Richter stand der Mund offen. Nur JöRG war gar nicht verwundert. JöRG erhob sich. Und er sprach, obwohl ihn niemand gefragt hatte: – Die Frau hat Recht! Natürlich hat sie Recht. Es ist ein *Werwolf*! Was sonst. Das kommt nicht oft vor, aber wenn es vorkommt, dann muss sich jeder sehr in Acht nehmen. Ich nehme an, ihr Geliebter, liebes Fräulein, hat ihnen nichts gesagt, hat ihnen seine Eigenart verschwiegen.

Der Richter sah etwas erstaunt zu JöRG. Alle Anwesenden schauten auf JöRG. Das störte ihn nicht, denn wo immer JöRG auftrat, schauten alle auf ihn. Das war auch der Grund, warum der Richter JöRG nun außer der Reihe sozusagen in den Zeugenstand rief. Karin C. blickte ihn dankbar und voller Bewunderung an.

Da sei nicht viel zu sagen, sagte JöRG. Der Tote sei ein Werwolf und habe sich in der fraglichen Nacht verwandelt. Das sei nicht erstaunlich, denn ein Blick in den Kalender verrate, dass in dieser Nacht der Vollmond geschienen habe.

– Ja, ja, genauso ist es gewesen, rief Karin C. Und aufgeregt schilderte sie die letzte, die Tatnacht: Mein Freund hat mir ja nichts gesagt. Er hat wohl Angst gehabt, mir das zu sagen. Für einen Spinner hätte ich ihn halten können oder Angst bekommen, ihn verlassen. Und dann hat er nicht aufgepasst und ist gekommen, als Vollmond war. Wir waren gerade schön dabei. Und ich hatte ihn auch schon auf das Brett gelegt, da schien der Mond ins Zimmer und seine Hände haben sich verkrampft und Haare sind ihm überall aus der Haut geschossen. Er sei ein Werwolf, hat er geschrien und, dass ich ihn schnellstens fesseln solle, mit so vielen Ketten wie nur möglich. Mit schweren Ketten! Und schon war er kaum noch zu verstehen. Er brüllte und röhrte ganz fürchterlich und bäumte sich auf, und ich warf alle Ketten über ihn, die ich erreichen konnte, und schnallte ihn, so gut es noch ging mit dem Paketbinder fest, aber es war schon zu spät. Das Monster bäumte sich und riss das riesige Maul auf, die langen Zähne, die blutunterlaufenen Augen, und zersprengte alle Ketten und Bänder und wollte sich auf mich stürzen. Da zog ich die Nadel aus meinem Haar und stach zu. Das Herz habe ich wohl getroffen. Es ging ganz leicht. Die Haut war gar nicht fest, eher dünn wie zartes Seidenpapier. Er muss wohl sofort tot gewesen sein, denn er sank augenblicklich auf das Brett zurück. Und kaum war er zurückgesunken, lag vor mir mein Freund in seinem Blut. Und deshalb sage ich, dass er nicht anwesend war, als ich zustach und ihn tötete. Es war der Werwolf da, nicht er.

– Das klingt ja fantastisch, sagte der Richter: Aber wer soll so etwas glauben?

– Ich, sagte JöRG: Ich glaube es. – Und das war gut, denn JöRG ist selbst für erfahrene Richter eine Autorität. Und der Richter fragte JöRG auch gleich, was denn seiner Meinung nach nun zu tun sei.

Das sei nicht schwer zu entscheiden, stellte JöRG sachlich fest. Werwölfe, das sei bekannt, könnten nicht eigentlich sterben. Zwar sei der Tote in seiner menschlichen Gestalt nicht mehr zum Leben zu erwecken, aber als Werwolf werde er sich wieder zeigen. Den ganzen Vorgang könne er sich nur so erklären, dass die Macht der Liebe das bedauernswerte Opfer seiner selbst zunächst innerlich so gestärkt habe, dass er sich in der betreffenden Vollmondnacht lange nicht verwandelte. Dann aber müsse wohl ein Windhauch die Gardine vom Fenster geweht und ihn der Mond direkt beschienen haben. In dem kurzen Kampf aber sei der Wille in dem Tier, Geliebter und Freund zu sein und nicht etwa ein gefährliches

Monster, erneut mit voller Kraft erwacht, so dass er sich, als seine Freundin in ihrer Not zustach, wieder zurückverwandelte und als Mensch, als toter Mensch leider, zusammensank. Eigentlich sei die ganze Geschichte tragisch. Gut möglich, dass die bedauernswerte Angeklagte gar nicht hätte zustechen müssen und allein durch ihre und seine Liebe sich hätte retten können. Aber das sei nun nicht mehr zu ändern.

– Aber wie soll das jemals bewiesen werden? fragte der Richter, denn Richter legen auf so etwas besonders großen Wert.

– Nichts leichter als das. – JöRG lächelte wissend: Wir warten den nächsten Vollmond ab. Dann legen wir den Toten ins Freie und schauen, was passiert. Wenn ich Recht habe, wird sich der Leichnam wieder in einen Wolf verwandeln und nichts wird ihn hindern, denn Tote haben keine Liebe, die sie an ihren Leib bindet. Wir müssen vorsichtig sein, denn, wie gesagt: der Mensch ist tot, aber der Werwolf wird leben.

So wurde es entschieden: Die Angeklagte Karin C. wurde gegen Kaution, die JöRG gerne vorstreckte, aus der Untersuchungshaft entlassen. Der Leichnam wurde in ein Kühlhaus zur Verwahrung gegeben. Der Richter, die Zeugen, JöRG, der Staats- und der Rechtsanwalt und noch einige Polizisten und natürlich auch Karin C. wurden zu einem nächtlichen Ortstermin bei Vollmond eingeladen.

Zum Ortstermin fanden sich alle Geladenen ein. Der Tote lag in einem eisernen Käfig, denn man hatte Vorsicht walten lassen. Sollte er wirklich zu einem Werwolf mutieren, war Gefahr für Leib und Leben aller Umstehenden zu befürchten. Der Käfig war auf einem stählernen Gerüst befestigt, das in tiefe, in die Erde eingelassene Betonsäulen gegossen war. Noch dazu hatte man die Gelenke des Toten mit Stahlbändern im Käfig fixiert. Es konnte also nach menschlichem Ermessen nichts geschehen. Aber wer hatte schon Erfahrung mit Werwölfen, noch dazu solchen, die nicht aus einem Lebenden, sondern aus einem Toten erwachen sollten. Es war eine wolkenlose Dezembernacht. Der Mond war schon aufgegangen und hing bleich und etwas müde über dem Hof des Polizeipräsidiums. Die Wartenden wurden unruhig. Nichts schien zu geschehen. Doch mancher hat es sicher schon einmal erlebt, dass der Vollmond, wenn er scheint, mal matt, mal silberhell sein kann. Und dieser Mond wechselte von der matten bleichen Farbe wie auf den Wink einer Fee zu einem strahlenden, ja wirklich vollstrahlenden Silber und übergoss den Hof und alle, die darin standen mit seinem überhellen Licht. Da bäumte sich der Leichnam in seinem Käfig auf, wie es Karin C. von dem Lebenden gesagt hatte. Er bäumte sich auf und brüllte aus den Kehlen einer unterirdischen Hölle. Sein Körper dehnte sich, streckte sich, schoss um das Dreifache auseinander und aus allen Poren der riesigen Haut sprangen Haare in dicken Borsten hervor und überzogen in Sekunden das grausige Tier. Das musste sich gar nicht anstrengen. Wie von selbst flogen die Ketten auseinander und jagten die Stäbe des eiserenen Käfigs wie Pfeile in den Himmel. Die Wartenden sprangen entsetzt zur Seite, der Richter wurde von einem Eisen am Kopf gestreift und blutete über dem rechten Auge, die Betonpfeiler in der Erde zerbarsten, es quollen Feuerströme hervor, schon schrie das Untier seinen gewaltigen Werwolfschrei hinaus in die Himmel über der Stadt und sprang mit einem gewaltigen Satz in den Hof und aus dem Hof über die Mauern hinaus auf die Straße. Man rannte ihm nach, schoss hinter ihm her, doch die Polizisten konnten mit ihren kleinen Kugeln nichts ausrichten. Noch sahen sie den Werwolf die Straße herabrennen, bis zu ihrem Ende, bis dahin, wo der Wald begann und der See das Mondlicht widerspiegelte und hundertfach vermehrte. Dahin sahen sie den Werwolf laufen und über den See durch das Mondlicht springen und am anderen Ufer in der Dunkelheit verschwinden.

Der Richter tupfte mit einem Taschentuch, das ihm die Zeugin Berta B., selbst leichenblass im rosa Gesicht, gereicht hatte, das Blut von der Stirn. – Damit, erklärte er nüchtern, dürfte wohl eindeutig die Unschuld von Karin C. bewiesen sein. Wir sind alle sehr erschüttert. Sowas muss man gesehen haben! – Und die Zeugin Berta B. nahm ihre Nachbarin Karin C. in die Arme und schluchzte herzzerreißend, wie sehr es sie reue, sie liebes Kind so sehr beschuldigt zu haben. Aber man habe ja nicht ahnen können … und wie sehr sie armes Kind habe leiden müssen!

Ein Polizist nahm allen Mut zusammen, räusperte sich und gab zu bedenken, dass die Lage zwar geklärt, aber nun sehr gefährlich sei. Dass man einen solchen Werwolf in der Stadt und im angrenzenden Park und meinetwegen Wald herumlaufen habe, das sei doch sehr brenzlig. Dem stimmte, mit besorgter Miene, auch der Staatsanwalt zu.

Nur JöRG blieb ganz gelassen. Ach, da solle man sich keine Sorgen machen. Der Werwolf werde jetzt ein bisschen herumrennen und herumbrüllen – letztlich sei er doch ein armer Kerl, der mehr zu bedauern als zu fürchten wäre – aber sobald das Mondlicht nachlasse oder vielleicht auch nur durch die Bäume verhüllt werde, werde er wieder zu dem werden, was er war und als mittlerweile nun schon nicht mehr ganz ansehnlicher Leichnam zu Boden fallen und da liegen bleiben. Morgen solle man sich auf die Suche machen, man werde den Toten sicher schnell finden,

– Und dann? fragte der Richter.

– Das ist leicht zu sagen, antwortete JöRG, der sich kaum beherrschen konnte, nicht unablässig zu der schönen, nun in mehrfacher Weise freien, nicht mehr gebundenen, ehemaligen Angeklagten Karin C. zu schauen. Man müsse den Leichnam eben einäschern und in einer Urne gut verschließen oder, wie es romantische Seelen heute mögen, auf dem Meer verstreuen. Daraus könne sicher kein Werwolf mehr werden.

– Was aber von einem unabhängigen Gutachter erst bestätigt werden muss, gab der Richter zu bedenken.

– Sicher, pflichtete JöRG bei: aber dafür ist Zeit bis zum nächsten Vollmond. Und dann meinte er, er habe noch einen zweiten

Vorschlag zu machen. Man könne auch das Skelett des Verstorbenen aufbewahren oder zumindest einen Teil davon, vielleicht den Unterkiefer. So etwas habe er schon mal in einem Museum gesehen. Es wäre doch interessant zu beobachten, ob sich so ein menschlicher Knochenteil bei Vollmond in einen Wolfsknochen verwandle. Und man stelle sich einmal die Attraktion für die Stadt vor, wenn sie einen Kiefer mit menschlichen Zähnen zeigen könnte, der sich pünktlich zur Vollmondnacht in einen Wolfskiefer verwandle: vor den Augen der Besucher! Er sehe jetzt schon die Werbung: „Nachts im Museum". Das wäre doch mal was!

Der Bürgermeister, von dem noch nicht die Rede war, bekam vielleicht leuchtende Augen. Er war sicher anwesend, aber von seiner Reaktion weiß heute niemand mehr etwas Zuverlässiges zu sagen. Von Karin C. ist anzunehmen, dass sie, in den Armen von Berta B. versunken, nichts von dem Vorschlag mitbekam. Vom Richter und vom Staatsanwalt aber ist überliefert, dass sie sich beide am Kopf kratzten und beide zu gleicher Zeit sagten: Hm, hm.

Der Richter erwiderte Folgendes: Es sei nicht ganz klar, ob so etwas ethisch vertretbar sei. Immerhin handle es sich hier um menschliche Überreste, die nicht so einfach dem Vergnügen anheim gegeben werden dürften, so sensationell die Idee auch sei. Er wisse auch nicht, ob so ein Verfahren überhaupt statthaft und erlaubt sei.

JöRG, der nun ganz offen zu Karin C. schaute und von ihr ein Lächeln empfing, störte das nicht. Letztlich war es ja nicht seine Sache, was ein Museum ausstellen wollte und was nicht. Deshalb antwortete er gleichmütig: Das verstehe ich. Ob so eine Sache erlaubt ist oder nicht, dazu kann ich freilich nichts sagen. Das muss ein Gericht entscheiden.

Und so verabschiedeten sich alle. Und ein jeder ging seine Wege. JöRG aber hakte Karin C. unter, sagte Frau Berta B. ein herzliches Lebewohl, und auch er verließ, die ehemalige Angeklagte an seiner

Seite, die Szene. „Das muss ein Gericht entscheiden", dachte er belustigt in sich hinein: Ein schöner Satz, der mir da eingefallen ist, nach all der Aufregung.

Die Kaninchen

In der deutschen Stadt M. waren einmal zwei Chinesen sehr berühmt. Sie waren berühmt, weil sie große Wissenschaftler waren. Jeder von ihnen hatte ein wichtiges Buch geschrieben, das viele Menschen kannten. Das Buch des einen Chinesen hatte einen grünen, das des anderen einen roten Umschlag. Und weil diese Bücher so bekannt und so wichtig waren, beschloss man in der Stadt M., den beiden Chinesen dafür einen Doktortitel zu verleihen – ihnen und der Stadt zu Ehren.

Und so geschah es. Ein Saal in der Universität wurde gefunden, denn wo anders als in einer Universität werden Doktortitel vergeben. Der Tag der feierlichen Verleihung wurde festgesetzt und die Bürger der Stadt waren geladen, diesem Akt der Höflichkeit und der Ehre beizuwohnen. Viele wollten kommen und der Saal, so hieß es bald, werde bis auf den letzten Platz besetzt sein.

Auch die beiden Chinesen bereiteten sich auf den Tag vor. Natürlich würden sie jeder etwas aus ihrem Buch mit dem grünen oder dem roten Umschlag vortragen. So viel stand fest, denn so ist es üblich. Aber, dachten sich die Chinesen: Zwei Vorträge hinter einander, das könnte den Menschen vielleicht ein wenig langweilig werden, so klug und wichtig ihre Ausführungen auch sein mochten. Also beschlossen sie, der Veranstaltung noch einen interessanten Rahmen zu geben. Und sie entschieden sich, ein Zauberkünstler solle es sein.

Also luden sie einen berühmten Zauberkünstler ein, einen der als Zauberer nicht weniger berühmt war als sie als Wissenschaftler. Und so rückte der Tag heran und die feierliche Stunde sollte beginnen. Der Saal war, wie erwartet, bis auf den letzten Platz gefüllt. Auf einem Podest standen Blumen und ein Rednerpult. Der Bürgermeister hielt eine feierliche Rede, die manche, die romantisch gesinnt waren, zu Tränen rührte. Der Universitätsdirektor bedankte sich höflich für die Ehre, die seiner Universität widerfahre, zwei so angesehenen Wissenschaftlern einen Doktortitel verleihen zu dürfen usw. Dann traten die beiden Chinesen auf. Erst hielt der, der das Buch geschrieben hatte, das mit einem grünen Umschlag berühmt wurde, dann der mit dem Buch mit dem roten Umschlag einen mitreißenden Vortrag. Aber die beiden Chinesen hatten richtig überlegt. So hervorragend sie auch sprechen mochten, ein Vortrag blieb dann doch ein Vortrag und zwei Vorträge waren nichts anderes als zwei Vorträge.

Deshalb war es gut, dass nun der Zauberkünstler auftrat. Er hieß Luigi Luigiotto und niemand wusste so recht, ob er wirklich ein Zauberkünstler war, also einer, der so tat, als ob er zaubere oder ein echter Zauberer. Wer konnte das schon wissen!

Der Zauberer also, er trat auf. Und schwungvoll, wie es die Zauberer immer machen, wirbelte er seinen langen schwarzen Umhang von der Schulter und warf ihn seiner anständig lächelnden Assistentin zu, die ihn auffing und über eine Stuhllehne legte. Dann nahm er seinen Zylinder vom Kopf, zeigte artig dem Publikum dessen leeres, schwarzes Inneres und begann zu zaubern. Zuerst stoben Hühner aus dem Hut und flatterten durch den Saal. Dann quollen flauschige dicke Kugeln aus bunter Wolle aus der magischen Kopfbedeckung hervor und rollten und hüpften über die Bühne und hinein in den Zuschauerraum, wo sie über den Köpfen der Oh! und Ah! rufenden Menge wie Seifenblasen zerplatzten und mit ihnen die Hühner, die auf diese Weise – wie von Zauberhand eben – wieder verschwanden. Da lächelte der Zauberkünstler – oder war er nicht doch ein echter Zauberer? – und zeigte mit dem Zauberstab zuerst auf den einen und dann auf den anderen Chinesen. Und siehe da, er verwandelte sie in Hähne: den einen mit einem grünen, den anderen mit einem roten Hahnenkamm. Die Zuschauer hielten den Atem an. Der Zauberer aber, dieser Luigi Luigiotto, nahm die Hähne und ließ sie vorsichtig, aber bestimmt in seinen Zylinder plumpsen. Und weg waren sie.

Und der Zauberer zeigte dem völlig verblüfften Publikum die schwarze Leere seines Hutes. Da war für einen Moment die tiefste Stille. Doch dann brauste der Applaus auf wie ein Orkan. Und die Assistentin stand grinsend neben dem Zauberkünstler und lächelte. Nicht lange allerdings. Denn der Zauberer zeigte mit dem Stab auf sie und verwandelte sie in ein Huhn und nahm das Huhn und steckte es in den Zylinder und weg war auch sie.

Der Zauberkünstler machte das nicht aus Bosheit. O nein. Er war überhaupt kein bisschen boshaft. Sondern irgendjemand musste die beiden Chinesen ja wieder in den Saal zur Verleihung ihrer Doktortitel zurückführen. Und so fanden sie sich alle drei hinter dem mächtigen Universitätsgebäude vor einem alten Schuppen wieder, in dem der Zauberkünstler sein Auto parkte. Es war ein alter Ford T aus dem Jahr 1919, doch das tut hier weiter nichts zur Sache. Die beiden Chinesen hatten wieder ihre natürliche Gestalt, allerdings trugen sie über ihren Anzügen ein lächerliches Hahngewand, das zogen sie schnell aus und gaben es der Assistentin, die gleichfalls ihr Huhnkostüm von sich entfernte und alles in eine kleine Tasche packte. Dann führte sie die beiden Chinesen um das Gebäude herum zum mächtigen Eingangsportal und geleitete sie wieder sicher in den Saal. Gerade als sie ihn betraten, rief der Zauberkünstler auf der Bühne *Olé!*, was den Chinesen zurecht etwas unpassend erschien. Und mit diesem Ruf zog Luigi Luigiotto ein Kaninchen aus dem Zylinder und noch eins und noch eins und noch eins. Dutzende weiße Kaninchen. Wieder tosender Applaus. Und die Kaninchen hoppelten durch den ganzen Saal, den feierlichen Mittelgang entlang auf die nach wie vor grinsende Assistentin zu und sprangen in ihre weit geöffnete Tasche und verschwanden. Da verbeugte sich der Zauberkünstler, und er und seine Assistentin, die gerade die Bühne erreicht hatte, zogen sich, immer und immer wieder in Verbeugungen, mit allen ihren Requisiten hinter den Vorhang hinter der Bühne zurück und verschwanden so geheimnisvoll, wie sie gekommen waren.

Nun, da die Zauberei beendet war, sollten endlich die Doktortitel verliehen werden. Alle warteten, doch das hohe Gremium, das die Doktortitel zu verleihen hatte, saß mit ernsten Mienen beieinander. Man flüsterte. Und schließlich, langsam, ganz langsam, als bereite es ihm unendliche Mühe, sich zu erheben, stand einer der Herren auf und ging mit schleppendem Schritt zur Bühne und trat ernst, besorgt, bekümmert ans Rednerpult.

Das war es, was er zu sagen hatte: Man könne die Doktortitel leider nicht verleihen und es gebe niemand, der dies mehr bedaure als er. Aber es sei nun einmal ein Gesetz, dass es verboten sei, vor der Verleihung eines Doktortitels, Kaninchen aus dem Hut zu zaubern, schon gar nicht während der Abwesenheit derer, denen der Titel verliehen werden solle. So sei nun mal das Gesetz, da könne er nichts machen.

Der Saal schwieg. Kein Applaus, keine Tränen. Nur stille Betroffenheit. Die beiden Chinesen standen ungerührt neben der Bühne.

Später als alle gegangen waren und nur noch die Praktikantin des ansässigen Tageblatts zugegen war, um die Chinesen nach ihren Gefühlen, nach ihren Plänen und allem anderen zu fragen, da lächelten die Chinesen wie es Chinesen immer tun, und sagten: Nein, sie seien nicht betroffen, nicht mal traurig. Nein, das könne man nicht sagen. Im Gegenteil, der Tag habe sie glücklich gemacht, denn sie hätten nun, wenn auch auf diese Weise nicht geplant, etwas über das Land erfahren, das ihnen doch immer noch ein wenig fremd sei. Ja und etwas Neues über ein Land zu erfahren, das sei doch gut und schön. Deshalb lächelten die Chinesen und freuten sich.

Die Orangen

Der Herr, von dem ich erzählen möchte, dachte so manches Mal, dass er vielleicht nicht in die Wüste hätte gehen sollen. Das ist gut zu verstehen. Er war ein Herr mittleren Alters, als er in die Wüste zog, und niemand hatte ihn dazu gedrängt oder aufgefordert oder sonst auf irgend eine Weise dahin gebracht, mit allem, was er hatte, sich ausgerechnet die Wüste als Ziel auszusuchen.

Aber das war es, was er tat. Er war ein Herr mittleren Alters, und er ging in die Wüste. Dort baute er sich ein Haus. Es war ein kleines Haus aus Holz. Aus Holz ist eigentlich schon zu viel gesagt. Es war ein Haus aus Brettern. Von einem Walmdach hatte der Herr mittleren Alters geträumt, aber zu seiner Zeit baute schon niemand mehr solche Dächer und schon gar nicht in der Wüste. Er baute dann auch kein Spitzdach, nur eine Dachschräge aus Blech. Das Blech wurde in der Wüste in der Sonne ganz schön heiß. Deshalb kaufte der Herr auch einen Kühlschrank, der viel größer war, als ihn ein einzelner Herr mittleren Alters brauchte. Aber er konnte die Tür aufmachen, sich in den Kühlschrank setzen und die Tür wieder zumachen, und dann hatte er seine Ruhe vor der Hitze.

Genaugenommen wohnte der Herr mittleren Alters in der Wüste gar nicht in einem Haus. Es war eher ein Verschlag unter dem ein großer Kühlschrank stand, und viele Reisende, die vorbeikamen, dachten, es handle sich wohl um einen Kiosk mit Erfrischungsgetränken. Aber das war nicht so. Der Herr wollte für sich und allein bleiben.

Immer nur Wüste und ein Verschlag mit einem Kühlschrank: Auch für einen Herrn mittleren Alters, der seine Ruhe haben will, kann das auf Dauer zu langweilig werden. Er legte also ein kleines Gärtchen an, und manchmal stand vor der Tür ein Auto – immer dann, wenn dem Herrn danach war, das Gefühl zu haben, eine Reise machen zu können, wenn er denn wollte. Er wollte am Ende aber doch nicht, und so stand das Auto meistens nicht vor der Tür, sondern irgendwo anders. Wo, das weiß ich nicht. Im Garten gab es einen Teich, und im Teich schwammen Goldfische. Am Gartenzaun wuchs eine Palme.

Dann kam ein Tag, an dem es besonders heiß wurde. Der Herr, der das Haus oder den Verschlag in der Wüste nun schon einige Zeit bewohnte und Erfahrungen damit gesammelt hatte, spannte ein Sonnensegel auf. Das warf einen kühlen Schatten. Aber die Hitze blieb. Ein Sandsturm kam auf. Der Sand flog in die Nase, was sehr unangenehm war. Der Sand flog auch in die Augen und schloss elliptisch den Garten ein. Der Sand wehte auch in den Teich und drohte die Goldfische zu ersticken, und sogar die Palme schaute nur so gerade noch aus einem Rodelberg Sand heraus. Da wurde es dem Herrn mittleren Alters zu viel. – Erst gehen die Fische, dann der Mensch, dachte er.

Der Herr, der immerhin der Herr eines Teiches und eines Hauses in der Wüste war, fasste einen Entschluss. Er ging auf die andere Seite des Verschlages, denn sein Haus war ja, wie ich schon berichtet habe, eher ein Verschlag als ein Haus. Auf der anderen Seite war kein Sandsturm. Der spielte sich vorne ab. Der Herr schaute in die Wüste. Die Wüste schimmerte unendlich bis zum Horizont. Sie schimmerte eigentlich nicht, sondern flimmerte und glänzte in der Sonne. Das war ein schöner Anblick, aber er brachte wenig Erleichterung. Dem Herrn mittleren Alters wurde der Atem schwer.

Er zog sich schließlich ins Haus zurück und legte sich aufs Bett. Ein Bett hatte er auch. Und da kam ihm der Gedanke, dass er auch ein Waschbecken mit einem Wasserhahn gebaut hatte. Der Wasserhahn war schief und sah nicht sehr schön aus, aber es kamen Tropfen Wasser aus ihm heraus, die klingend in das trogförmige Waschbecken fielen. – Ach, wenn es der Regen in Bier- und Wasserflaschen wäre, dachte der Herr mittleren Alters. Aber es war nichts dergleichen. Und dann stach den Herrn auch noch eine

Fliege oder ein anderes Insekt und die Atemluft füllte sich mit Sand. Das war der Moment, da der Herr dachte, er hätte doch nicht in die Wüste ziehen sollen.

Es gibt immer eine Lösung. Der Herr griff zum Telefon. Ich hatte vergessen, zu sagen, dass der Herr auch ein Telefon eingebaut hatte. Ein dünner Draht verband das Haus in der Wüste mit dem Vertrauten. Der Vertraute ist meistens ein dicker, gemütlicher Mann, der in einem großen Sessel sitzt und gerne Pfeife raucht, Rotwein trinkt und Trockenblumen sammelt (oder etwas anderes).

Das Tischtelefon des Vertrauten klingelte – ein Telefon im Stil des neunzehnten Jahrhunderts. Der Vertraute legte einen Roman von Dostojewski auf einen anderen Roman von William Faulkner. Dann nahm er ab. Der Herr mittleren Alters, dessen Vertrauter er seit langer Zeit war, meldete sich am anderen Ende der Leitung. Und dieser fragte ihn nun, was er tun solle, da gerade sein Haus in der Wüste von einem unerwarteten Sandsturm eingeschlossen werde. Der Vertraute goss sich einen Cognac nach (der Rotwein dann später) und murmelte unverständlich vor sich hin.

Natürlich, es lohnt kaum das zu wiederholen, gibt es immer eine Lösung, und dieser Fall war doch ganz einfach. Der Vertraute riet zu Wasser. Er hielt den Cognacschwenker ins Licht der Leselampe und drehte ihn wie alte Frauen ihre Kristallkugel, um stundenlang, tagelang in die Zukunft zu sehen, ohne dass etwas dabei herauskommt. Doch der Vertraute konnte seinem Herrn mittleren Alters, der ihn angerufen und um Rat gefragt hatte, einen guten Rat erteilen. Er solle den Gartenschlauch nehmen, den er ja haben müsse, wenn er einen Garten angelegt habe, wie er sagte. Den Gartenschlauch solle er ausrollen und das eine Ende an den Wasserhahn anschließen. Dann müsse er nur noch das Wasser aufdrehen und die Düse aus dem Fenster halten. Nichts fürchte der Flugsand mehr – das sehe er seinem Cognacschwenker an – als Wasser, das ihn zu Boden zwinge. Der Flugsand werde bestimmt die Flucht ergreifen.

Der Herr mittleren Alters war durchaus in der Lage, einen guten Rat anzunehmen, vor allem, wenn er selbst darum gebeten hatte. Er machte es so, wie der Vertraute gesagt hatte und dachte nur: – Dass ich da nicht selbst drauf gekommen bin!

Vor dem Wasser zog sich der Sand zurück, und übrig blieb die Wüste, die vorher schon da war. Es zeigte sich also, dass es gut war, einen Vertrauten zu haben und ihn zur rechten Zeit zu fragen.

Nicht viel später, wohl nur einige Wochen, tauchten am Horizont hinter der Wüste, von der rückwärtigen Seite des Hauses aus gesehen, die seit dem Sandsturm zum Lieblingsplatz des Herrn mittleren Alters geworden war, Punkte auf. Die Punkte wurden schnell zu Strichen und die Striche vergrößerten sich zu Flecken. Das beunruhigte den Herrn hinter seinem Haus. Und noch mehr beunruhigte es ihn, als die Flecken die Form von Tonnen annahmen, die über Land zogen, denn die erkannte der Herr sofort. Über die flimmernde Wüste bewegte sich ein Planwagentreck direkt auf ihn zu. Und wenn erst einmal Planwagen durch die Wüste ziehen, dann ist es mit der Ruhe bald vorbei. Das ist aus der Geschichte gut bekannt. Schon waren die schweren Räder der Wagen zu erkennen und die hängenden Köpfe der müden Pferde zu unterscheiden. Die Männer neben den Wagen trugen Gewehre, doch bevor der Treck das Haus erreicht hatte, ging er in Flammen auf. Urplötzlich. Ohne Grund. Das brachte den Herrn mittleren Alters, auch wenn er nichts damit zu tun hatte und es ihn gar nicht betraf, seelisch aus dem Gleichgewicht.

Es sollte noch schlimmer kommen. Wieder nur wenig später, einige Tage vielleicht, erschien statt der Planwagen ein silbernes trapezförmiges Gefährt, eines, das der Herr noch nie in seinem Leben gesehen hatte. Es schwebte mehr über der Wüste als es fuhr. Es hielt nicht weit von seinem Haus entfernt. Leute in silbernen Anzügen stiegen aus. Es war nicht zu erkennen, ob es Männer oder Frauen oder beides waren, aber sie lächelten alle so breit, dass es der Herr von seinem Platz hinter dem Haus sehen konnte. Er sah eigentlich nur das Lächeln oder Grinsen in der Luft, wie man es von bestimmten Katzen erzählt, eingeschlagen in silberne Anzüge. Das war ein sehr ungewohnter Anblick für den Mann mittleren Alters, der so etwas nicht gewohnt war, zumal nicht in der Wüste.

Die Leute stellten einen Zaun auf. Der war auch aus Silberfolie. Sie umwickelten geradezu die Wüste. Erschrocken ging der Herr auf die Vorderseite seines Hauses. Auch da waren sie schon zu Gange, wenn auch noch nicht so weit. Sie steckten Aluminiumpfähle in den Sand und steckten damit ihr Feld ab.

Genau genommen war das alles nicht schlimm. – Sollten sie doch ihre Silberfolien um die Wüste wickeln, wie es ihnen gefiel und meinetwegen auch dabei grinsen – so hätte der Herr denken können, denn das alles ging ihn nichts an und übte auf sein Leben in der Wüste keinen Einfluss aus. Aber dieser Gedanke beruhigte ihn nicht. Deshalb beschloss er, die Wüste wieder zu verlassen.

Der Mann mittleren Alters hätte die Wüste ganz sicher verlassen, wenn er nicht unterbrochen worden wäre, als er gerade seine Sachen packte. Quer über die Wüste kam ein Kamel gelaufen, ein echtes, lebendiges Kamel. Es gibt Leute, die behaupten, das Kamel habe Antonella geheißen, aber da bin ich mir nicht so sicher. Woher wollen die Leute das so genau wissen, bei so vielen Kamelen, die in der Wüste leben.

Der Herr war freudig überrascht. Erst jetzt fiel ihm auf, dass ihn noch nie ein Kamel in der Wüste besucht hatte, obwohl es doch so viele Kamele in der Wüste gibt oder wenigstens geben sollte. Zumindest ist das unsere Vorstellung von der Wüste.

Das Kamel kam und sagte, es brauche nicht viel, würde aber gerne bleiben. Der Herr sagte, er sei gerade im Begriff zu gehen, habe aber nichts dagegen, wenn das Kamel sein Haus bewohne, solange er nicht da sei, und gerne auch für immer, wenn er nicht wiederkäme. Das Kamel sagte, so habe es das nicht gemeint. Darauf wiederum sagte der Herr, das sei auch in Ordnung, aber er könne dem Kamel leider nichts anbieten. Darauf das Kamel: Das stimmt nicht. Ich sehe, es gibt einen Kühlschrank und im Kühlschrank gibt es sicher Orangen.

Das war wahr. An die Orangen hatte der Herr mittleren Alters gar nicht mehr gedacht. Und er meinte, noch etwas skeptisch, dann aber entschlossen: Also gut, die Orangen!

Der Herr öffnete den Kühlschrank. Er ließ dem Kamel den Vortritt. Er nahm die Orangen aus dem obersten Fach. Und dann setzten der Herr und das Kamel sich nebeneinander und aßen die Orangen. Soviel weiß ich. Ob sie alle Orangen gegessen haben, vermag ich allerdings nicht zu sagen.

Eine Türklinke, eine Kastanie und die Revolution

JöRG lud Karin in sein neues Haus ein. Karin überlegte, ob sie von nun an Stefanie heißen wollte und nannte sich mal Steffi, mal Stefanie, mal Karin-Stefanie. Mir war das nicht geheuer, und ich verließ das neue Haus wieder, in dem ich noch nicht lange mit JöRG gewohnt hatte. Es war ohnehin klar, dass Karin oder Steffi oder wer sie auch sein mochte, bleiben würde. Ich war nicht unglücklich darüber, denn ich hatte mich schon lange mit einem Haus im Wald angefreundet und auch schon davon erzählt beim Frühstück oder beim Abendbrot, jedenfalls immer begeistert. Dorthin zog es mich nun. Aber meine Erzählungen können nicht ohne Folgen geblieben sein, denn anders kann ich mir das nicht erklären, was in der Folge passierte. Das neue Haus von JöRG muss alles gehört haben. Heißt es nicht, dass Wände Ohren haben? Das ist der Beweis! Und dieses Haus hatte die Form einer Muschel oder auch einer Schnecke und konnte also besonders gut hören. So muss es gewesen sein! Ich hätte vielleicht nicht so begeistert von dem Haus im Wald erzählen sollen.

Karin oder Steffi zog also ein. Sagen wir: Steffi. Sie begann ein neues Leben in dem neuen Haus von JöRG. Als Steffi. Ja, so war es. Und JöRG war froh darüber, das war ihm anzusehen, wenn ich ihn in der Stadt traf oder er mich besuchte, was er durchaus tat. Auch wenn Steffi meinte, sie möge solche Hexenhäuser im Wald nicht. Aber sie musste ja nicht mitkommen. JöRG war also glücklich und ausgeglichen bis zu dem Morgen, an dem das passierte, wovon ich nun berichten möchte.

JöRG lag noch im Bett. Da löste sich die Türklinke zum Schlafzimmer aus der Verankerung. Es vermeinte ein recht schöner Morgen zu sein. Ein zwischen orange und gelb und golden angesiedeltes Sonnenlicht spielte bewegt im Wind mit dem Schattengeäst der Bastgardine am offenen Fenster. Aber die Türklinke fiel mit einem Klingeln zu Boden. Das weckte JöRG. Er schlug die Bettdecke zurück und schaute zur Türklinke, dann wieder zum Fenster. – So ein Morgen malt mehr als nur Farben und Lichter, dachte er beim Anblick der Reflexe auf der ausgeklappten Fensterscheibe.

Die Türklinke klopfte zweimal auf den Boden, um sich bemerkbar zu machen, aber JöRG achtete nicht auf sie, sondern starrte in die gähnende Höhle, die sie in der Tür hinterlassen hatte, als erwarte er, dass gleich Fledermäuse daraus herausflögen. Dann dachte er an Steffi. – Steffi ist Ausläufer und Ende meiner Schlechtwetterfront, der Regenbogen glänzt in ihren Haaren. – So etwas dachte er. Wir wollen ihm seine Gedankenwahl nachsehen. Und er seufzte und räkelte sich glücklich. Keine Lust aufzustehen, auch wenn er grad allein im Bett lag. Die eifersüchtige Türklinke begann, sich in den Boden zu bohren.

Draußen startete Steffi den Rasenmäher. Irgendwas muss man ja machen am Samstag, wenn der Mann den ganzen Morgen schläft. JöRG hörte den Rasenmäher, konnte sich aber immer noch nicht aufraffen, einen Kaffee zu kochen oder Steffi eine Limonade in den Garten zu bringen. Weil nun aber schon ein Loch im Fußboden bei der Schlafzimmertür war, begann er sich für die Türklinke zu interessieren und was sie da eigentlich treibe. Nur leider hatte die sich seinen suchenden Blicken längst entzogen. Sie tauchte in die abgründigen Tiefen des Fußbodens ein.

JöRG schloss die Augen, weil er das alles gar nicht wahrhaben wollte, hörte auf den Rasenmäher und versuchte, sich Steffi vorzustellen mit ihren Regenbogenhaaren.

Die Türklinke wühlte sich unterdessen mit der grimmigen Energie einer Nichtbeachteten durch den Boden ins Erdreich und stieß dort auf die Ausläufer einer Kastanienwurzel. Die Kastanienwurzel zuckte verächtlich zurück. Metall im Mutterboden gefiel ihr nicht. Aber die Türklinke wusste, worauf eine Kastanienwurzel ansprechen konnte. – Auf! Revolution! rief sie. – Wie bitte? – Die Kastanienwurzel machte, soweit das einer Kastanienwurzel möglich ist, große Augen: Sie stören mich beim Mittagsschlaf und hemmen mein Wachstum. Wer sind Sie überhaupt? – Die Türklinke grub eine Plattform in die Finsternis und sprach mit lauter Stimme: Ich öffne Türen. Ich führe in die Zeit! Ich öffne neue Räume und weise neue Wege! Auf, Revolution! Erhebt euch! Wir gehen in ein neues Zeitalter!

Die Kastanienwurzel hörte interessiert zu und sagte dann: Schön und gut, aber wogegen soll ich mich erheben?

– Werfe die Last ab! rief die Türklinke. Über dir lasten drei Stockwerke Haus. Ich habe mich immer wieder drücken lassen, und mich doch aus der Knechtschaft befreit! Erhebe dich! Werf' auch du deine Last ab!

Die Kastanienwurzel war nicht abgeneigt, mal etwas Neues zu probieren und stimmte der Revolution schließlich zu. Dann begann sie, über sich selbst hinauszuwachsen. Sie durchbrach auf der einen Seite das Garagentor und auf der anderen die Fundamente des Hauses, in dem JöRG immer noch dösend auf seiner Matratze lag und versuchte, sich Steffi vorzustellen. Die Türklinke war sehr zufrieden.

JöRG war auch zufrieden, aber das lag an Steffi. Dass Steffi seinem Leben Halt gegeben habe, dessen wurde er sich in dem Moment bewusst, als er den irdischen Halt verlor. Die Wurzel hob sein Bett in die Höhe. Die Türklinke sprang zugleich mit einem Satz aus ihrem Erdloch und verschloss die Tür, damit JöRG nicht fliehen konnte. – Der gehört mir! rief sie.

JöRG glaubte zu schweben. – Was für ein Gefühl, stöhnte der Gute: So ist man also dem siebten Himmel nah. Er hatte immer noch nicht begriffen, was in seinem Haus vor sich ging.

Und Steffi? Ja, die schob fleißig den Rasenmäher durch den Garten und wunderte sich, warum die Garage einstürzte. Aber das fiel nicht in ihren Aufgabenbereich. Damit hatte JöRG zu tun. Für sie war nur von Belang, dass die Erdschollen anscheinend gerade in ihrem Garten gerade jetzt ein neues Gebirge zusammenstellten. Denn auch sie, auch sie ahnte nichts von der Revolution, die ihre Wurzeln im Untergrund hatte. Jedenfalls musste sie schon, obwohl sie den Garten flach in Erinnerung hatte, an steilen Mittelgebirgshängen entlang – mit Schweiß und so weiter.

JöRG hörte den Rasenmäher jetzt als Schwerkraftlastwagen, der sich durchs Gebirge quälte. Er war erstaunt, dass Steffi LKW fahren konnte. Dadurch stieg sie weiter in seinem Ansehen. Das hätte er, als Steffi noch Karin hieß oder sich so nannte, niemals für möglich gehalten. Und Steffi konnte noch mehr. Als die Kastanienwurzel dem Garten alpine Strukturen aufgezwungen hatte, ging ihr der Spritt aus. Sie musste zu Fuß weiter. Sie fand einen Pass, schlug einen Pfad durch das unwegsame Gelände, erinnerte sich am Lagerfeuer an JöRG und mähte mit der Sense. Das war Steffi.

JöRG hingegen döste immer noch und meinte immer noch, es wäre nicht weit bis zum Kühlschrank mit der Limonade oder zur Kaffeemaschine, und er hätte nur keine Lust dazu, aufzustehen, und meinte immer noch, es wäre der siebte Himmel, in dem er sich befinde, als die Kastanienwurzel ihn samt seinem Bett an der Zimmerdecke zerdrücken wollte wie eine Mücke.

Die Türklinke hatte Genugtuung. Aber das nutzte ihr nichts, denn auf der anderen Seite, nämlich im Garten, platzte die Kastanienwurzel aus der Erde. Steffi erkannte sofort die Zeichen der Zeit und arrangierte sich mit der Wurzel. Dann ging sie ins Haus und riss JöRG aus dem Bett – gerade, als das Bett die Zimmerdecke erreicht hatte. JöRG wäre mausetot gedrückt worden. In welcher Gefahr er sich befunden hatte, das wurde ihm erst jetzt so richtig klar.

Die Kastanie zog sich zurück, aber Schäden am Haus, die blieben natürlich. Dafür sah der Garten ausgesprochen interessant aus und war auch viel größer geworden. JöRG und Steffi beschlossen, darin ausgedehnte Bergwanderungen zu unternehmen.

Die Türklinke ließ sich leicht wieder reparieren. Für alles andere war mehr Aufwand notwendig. JöRG überlegte, ob er das allein schaffen könnte oder ob sie einen Handwerker bestellen sollten. Dann jedoch spürte er noch etwas anderes: Er würde sehr lange brauchen, um sich von diesem Schreck zu erholen.

So wandelt sich die Welt und wir mit ihr.

Der Bahnwärter

Es kam der Tag, das war im ersten Teil seines Lebens, an dem der königliche Bahnwärter Karl wippen wollte. Nicht den Dienst vernachlässigen. Das kam bei königlichen Bahnwärtern nicht vor. Bis heute hält sich die Überlieferung von der Pflichtliebe der königlichen Bahnwärter. Bahnwärter Karl machte da keine Ausnahme. Es gab keine Ausnahmen.

Aber wippend wollte Bahnwärter Karl seinem Dienst nachkommen. Statt die Schranken herauf und herunter zu kurbeln, wollte er sie herauf und herunter wippen und wollte nicht nur, sondern tat.

Er hielt die Schranke in Schrägstellung. Kam ein Zug, kletterte er aus dem Schlafzimmerfenster der Bahnwärterwohnung auf die Schrankenspitze – das ging sich gerade aus – und wippte die Schranke zu Boden.

Unten auf der Schrankenspitze strahlte er die Wartenden an, unterhielt sie mit Schwänken (Bahnwärter erzählen immer aus ihrer Jugend) und winkte den Kindern. Kam der Zug, winkte er den Reisenden. Kam ein Güterzug, winkte er nicht.

War der Zug vorbei – gleich ob Güterzug oder Personenzug, Schnellzug oder Nahverkehrszug –, krabbelte er rückwärts rutschend zum anderen Ende der Schranke und wippte sie durch die zusätzliche Beschwerung am schweren Ende wieder nach oben.

Natürlich brauchte der Bahnwärter bei dieser Art Dienstversehung des Öfteren neue Hosen. Und besonders, wenn sie fast durchgewetzt waren, musste seine Frau ihm an den Abenden die langen Holzsplitter aus dem bloßen Hintern ziehen.

Der Dienst lief so gut als immer, bis sich eines bösen Tages ein verdrießlicher Verwaltungsbeamter beschwerte, der jeden Morgen die Bahngleise überqueren musste, um zu seinem Büro zu gelangen. Besonders wenn es regnete, ärgerte er sich über den wippenden und winkenden Bahnwärter Karl. Und nachdem es drei Tage hintereinander geregnet hatte, schrieb er seine Beschwerde.

Bahnwärter Karl bekam Ärger. Und weil er sich auf dieses und jenes berief, sich aber auf anderes nicht berufen wollte und nicht berufen konnte, wurde er suspendiert, und das heißt nichts anderes als entlassen.

Im zweiten Teil seines Lebens war Bahnwärter Karl verbittert. Er hatte sein ganzes Erspartes für neue Hosen und zu guter Letzt für eine neue Wippe verbraucht. Doch nur auf Bahnschranken lässt sich erfolgreich *allein* wippen. Seine Frau sagte, er sei ein Spinner und verließ ihn schließlich. Der Bahnwärter Karl sah sich vor der Alternative: Selbstmord oder eine Idee. Er entschied sich für die Idee und kaufte sich (das war noch drin) eine Modelleisenbahn.

Im dritten Teil seines Lebens wurde alles gut. Der Bahnwärter Karl wippte und ließ um sich herum die Modelleisenbahn fahren. Das interessierte Touristen, denn in diesen Jahren wurde der Bahnwärterberuf bekanntlich abgeschafft. Besucher kamen in das abgelegene Dorf, fotografierten und bestaunten den unentwegt wippenden Bahnwärter. Durch ihn kamen die Gemeinde zu Reichtum und er zu großem Ansehen, ohne dass er wusste warum.

Der kleine Mann

Der kleine Mann aus Paffenhofen hatte nichts mehr vor. Er besaß nur noch ein Ding aus einem großen Schatz. Als Frührentner reiste er oder kehrte die Straße. Seinen Schatz oder was davon übrig war trug er über den Nieren in der Westentasche, denn er gehörte zu jener Sorte Herren, die auch im Sommer eine Nadelstreifenweste nicht entbehren können.

Der kleine Mann hatte einen Urgroßvater, von dem das Folgende bekannt ist:

In die verborgene Grotte einer verborgenen Welt glitt vor jahrzehntelanger Zeit ein flaches Holzboot. Tropischer Farn überwucherte den Eingang. Der verbartete Ruderer neigte das Haupt. Er duckte sich. Genau (besser noch: exakt) im Zentrum des mit einem Sextanten und gespannten Fäden vermessenen Höhlensees warf er den Anker. Der elegante Abenteurer entledigte sich seines beigefarbenen Oberhemdes, setzte die Taucherbrille auf und ließ sich – wie man das so macht – rückwärts ins Wasser fallen. Der Anker lag neben (oder war es auf?) einer kleinen, von Schlingpflanzen umspielten Kiste. Der Taucher schlang ein Tau um sie, das er in die Tiefe mitgezogen hatte. Dann wurde ihm die Luft knapp. Er tauchte auf. Eine kleine Seilwinde, die erbärmlich quietschte, half ihm, die Kiste zu bergen.

Leider war der bärtige Seemann ein schlechter Kaufmann. In jenem Jahr, in dem der Ottomotor erfunden wurde, löste sich sein Schatzvermögen auf in einer Welt spekulativer Zahlen. Natürlich kam es nur den fiesen Händen zugute, die an fetten Bäuchen hingen und im Dienste verkniffener listiger Äuglein standen.

Immerhin: die Perle des Schatzes blieb erhalten bis in die Weste des späten Urenkels.

Der kleine Mann aus Pfaffenhofen trug nicht mal einen Schnäuzer, aber die Perle, die hütete er mit aller Sorgfalt. Sie war sein ganzer Stolz: eine kleine schwarze Perle, schön wie ein Mund oder auch der Mond und mäusenasengroß.

Wenn er die Straße kehrte, war der kleine Mann glücklich. Er verwendete immer einen Reisigbesen, den ihm allmonatlich eine schöne Flechterin band. Überhaupt liebte er noch die Frauen und Mädchen. Kam eine im roten Anorak vorbei, auf dem Weg zum Bäcker – er kehrte meistens vor dem Bäcker –, rief er: – Morgen, liebes Fräulein! Und für die Gesangslehrerin am Ende der Straße stellte er schon mal den Besen an einen Fahrradständer. Besonders die Studentinnen mochte er gut leiden. Grüßte ihn eine freiwillig zurück, schenkte er ein Foto von sich. Natürlich fragte er zuvor: – Willst du ein Bild von mir? Dabei lachte er dreimal glucksend. Auf Reisen gelang es ihm durchaus forscher. Im Zug legte er die rechte oder linke Hand auf ein Knie. Aber er sprach nicht gerne über derartige Abenteuer (da war er anders als sein Urgroßvater). Im Nachhinein erschienen ihm seine Abenteuer peinlich.

An den Sonntagen pflegte der kleine Mann aus Pfaffenhofen nicht zu fegen. Er schmückte sich mit einer gewagt geblümten Fliege (zuweilen kam es auch vor, dass er einen Schlips mit Micky Mäusen trug) und stand einfach so auf der Straße: im Winter im Mantel und bei Regen mit Schirm. Blickte ihn eine seiner Studentinnen erstaunt an, erklärte er freimütig seine Müßigkeit: – Heute ist Sonntag, da wird nicht gearbeitet.

Wenige Wochen vor einem ersten Schlaganfall, der ihn fegend auf offener Straße ereilte, geschah Denkwürdiges. An einem Dienstagnachmittag huschte aus dem Blumenladen auf der anderen Straßenseite eine Maus ohne Nase. Schaute links, schaute rechts, flitzte über die Straße, lief Slalom zwischen zwei Blumenkübeln, geriet dem kleinen Mann aus Pfaffenhofen unfreiwillig unter den Reisigbesen. Der kleine Mann beugte sich zu ihr herab. – Ach kleine Maus, Du hast ja gar keine Nase! – Ja, das ist ein Unglück, piepste die Maus. – Wart' mal, ich hab' was für Dich. Die Maus setzte sich erwartungsvoll auf den abgelegten Reisigbesen. Und der kleine Mann aus Pfaffenhofen friemelte aus seiner Westentasche die schwarze Perle. – Hier, sagte er, – das ist eine echte Mausnase. Die wird Dir passen! Er nahm die Maus vorsichtig in die linke Hand und setzte ihr zart die Perle zwischen die Augen, dahin, wo ihr die Nase fehlte. – Perfekt! lächelte er: – Barthaare werden Dir schon noch wachsen. Die Maus betrachtete glücklich ihr Spiegelbild im Schaufenster des Bäckerladens. Behutsam wieder auf die Straße gesetzt versprach sie ihrem großen Fegefreund, ihm zu helfen, wann immer er es bedürfe. Er solle dann nur recht laut piepsen.

Die Maus führte dreimal den Piepston vor, den sie meinte. Dann verschwand sie geschwind in einem Mauerloch.

Der kleine Mann aus Pfaffenhofen fegte vergnügt weiter. Nun war ihm noch ein Lebenswerk gelungen und das Ende konnte kommen.

Die Insel und das Marketing

Ich bin ein Mensch ohne Phantasie und kann in schwierigen Situationen niemandem helfen, auch JöRG nicht. Aber es gibt bessere, klügere Menschen, und JöRG erfuhr einst Hilfe von einer klugen Stewardess. Das habe ich später erfahren. Ob die Hilfe gut war für JöRG, ist schwer zu sagen, denn leider konnte ich ihn nicht mehr selbst danach fragen und auch andere, die mir erzählten, wie hilfreich die Stewardess gewesen sei, können über alles weitere keine Auskunft geben, wohl nicht einmal die Stewardess selbst könnte es, sollte sie sich dereinst melden oder ihr Aufenthaltsort von einem Bekannten ausfindig gemacht werden.

Das wurde mir erzählt: JöRG machte Urlaub und in diesem Urlaub einen Rundflug über die Südsee. Da sah er unter sich eine wunderschöne Insel, die er gerne besuchen wollte. Dazu muss man wissen: JöRG machte selten Urlaub, eigentlich nie. Er hatte also wenig Erfahrung damit.

– Was ist das für eine Insel? Ich möchte sie mir gerne anschauen. Kann man dort hinfliegen? fragte er die Stewardess. – Leider nein, antwortete sie: Dort wohnen Kannibalen. Dort kann man unmöglich landen. Das ist viel zu gefährlich. – Aber ich will, sprach mein Freund mit entschiedener Stimme: Ich bin ein sehr mutiger Mann! Und die Stewardess sagte den Slogan ihrer Fluggesellschaft auf: „Wohin Sie wollen, dahin bringen wir Sie!“ Das sagte sie und ging zum Piloten, um ihn um einen Fallschirm zu bitten, einen Fallschirm für einen Touristen.

Nur wenig später flog JöRG, so wurde mir erzählt, ein echter Held unserer Zeit, glücklich unter seinem bunten Fallschirm zur Insel der Kannibalen.

Das ist die letzte Nachricht, die ich von ihm erhalten habe. Und ich denke an den Slogan „Wohin Sie wollen, dahin bringen wir Sie!“ Diese Worte der hilfreichen Stewardess werde ich niemals vergessen.

MIX
Papier | Fördert gute Waldnutzung
FSC® C083411

Zeitfracht Medien GmbH
Ferdinand-Jühlke-Straße 7
99095 Erfurt, Deutschland
produktsicherheit@kolibri360.de

Druck:
CPI Druckdienstleistungen GmbH
im Auftrag der
Zeitfracht Medien GmbH
Ein Unternehmen der Zeitfracht - Gruppe
Ferdinand-Jühlke-Str. 7
99095 Erfurt